附帯税の理論と応用
実務の処方箋

青木　丈
野一色直人
共著

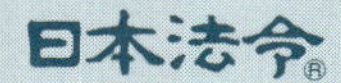

はしがき

その附帯税は、本当に納める必要があるのだろうか――？

税務調査や租税争訟で納税者の代理人（補佐人を含む）となる税理士や弁護士は、こうした疑問を常に持つべきであるということが、本書の根底にある問題意識です。

そもそも附帯税は、申告納税制度下において、例外的に申告納税方式が採られていません。すなわち附帯税のうち、延滞税及び利子税は自動確定方式であり、加算税は賦課課税方式です。したがって、申告納税制度であるにもかかわらず、附帯税については、納税者はその税額を計算する必要がなく、それゆえ租税の専門家である税理士であっても、附帯税の知識を欠いていることが少なくないようです。しかし、附帯税も一種の租税であり、その負担が大きくなることもあり得るので、特に結果的に附帯税が課される場合が多い税務調査立会いの場面では、税務代理人は附帯税の負担についても納税者に説明できるだけの知識を有しておくべきです。また、附帯税には各種減免措置が用意されており、その適用の判断は事前手続の段階では最終的に税務署長がすることになるので、税務代理人としては調査の場で減免される可能性を探り、その適用を税務署に積極的に主張していくべきです。

つまり、本税とは別次元で、附帯税が争点となり得ることを税務代理人は常に意識していなければなりません。そして、これは事後救済手続においても同様で、不服申立てや訴訟においても、本税とは別に、附帯税の減免を争点とすることの可否を代理人は常に検討すべきです。

こうした問題意識を根底に置きつつ、本書は、各種附帯税の理論（仕組みやその趣旨等）と応用（判例・裁決例で示された法解釈からの実務上の留意点等）を解説することによって、現場の実務家が冒頭に記した疑問を解決するための処方箋となることを願って執筆されたものです。

本書の構成は、まず、附帯税全般にわたる総論（第１章）を解説したうえで、各種附帯税を個別に取り扱い（延滞税及び利子税：第２章、過少申告加算税：第３章、無申告加算税：第４章、不納付加算税：第５章、重加算税：第６章）、最後に附帯税と処分・争訟手順を確認しています（第７章。本章では、課税方式が異なる附帯税ごとに、負担回避のための事前手続及び争訟の手順等を解説しているので、附帯税の基本的な知識を有している読者におかれては、本書の問題意識が結実するともいえる第７章から読むという方法もお勧めしておきます）。また、各章ごとに理論編と応用編を設け、前者では各制度の仕組みや趣旨を解説し、後者では質疑応答形式によって具体例を踏まえた検討を展開しています。さらに補章では、読者ご自身が（毎年のように改正されている）根拠法令等や（日々先例が蓄積されている）裁決例や裁判例をリサーチする際に役立つよう、「法令・判例等の調べ方」を説明してあります。

延滞税及び利子税の割合は毎年変動する仕組みとなっており、近年の税制改正では毎年のように加算税制度が見直されているので、附帯税制度は複雑化の一途をたどっています。本書が税務の現場において、文字どおり処方箋として活かされることを期待しています。

本書は、京都産業大学の野一色直人教授との共著です。基本的に、各章の理論編の原稿を青木が執筆し、応用編及び補章を野一色教授に執筆していただきました。もっとも、本書全体を通して、野一色教授と青木の２人で見直し作業をしたので、本書は（分担執筆ではなく）共著書という形としました。本書の趣旨に賛同し、本書の企画立案から執筆・編集に至るまで全面的にご協力いただいた野一色教授に御礼申し上げます。

なお、本書の企画から編集作業全般について，㈱日本法令の竹渕学氏と志村圭一氏に大変お世話になりました。記して謝意を表します。

2024年８月

香川大学法学部

青木　丈

目　次

第2章　延滞税・利子税

第3章 過少申告加算税

第4章 無申告加算税

第5章　不納付加算税

第6章　重加算税

第7章 附帯税と処分・争訟

補章　法令・判例等の調べ方

凡　　例

本書における法令等は、特に断りのない限り、令和６年８月１日現在の内容によっている。

また、主な法令や文献等の引用については、かっこ内等において以下の略称によっている。

<法令等>

正式名称	略　称
日本国憲法	憲法＊
国税通則法	通則法
国税徴収法	徴収法
所得税法	所法
法人税法	法法
相続税法	相法
消費税法	消法
印紙税法	印法
租税特別措置法	措法
地方税法	地法
行政不服審査法	行審法
行政手続法	行手法
行政事件訴訟法	行訴法
個人情報の保護に関する法律	個人情報保護法＊
内国税の適正な課税の確保を図るための国外送金等に係る調書の提出等に関する法律	国外送金等調書法
電子計算機を使用して作成する国税関係帳簿書類の保存方法等の特例に関する法律	電帳法
国税通則法施行令	通則令
電子計算機を使用して作成する国税関係帳簿書類の保存方法等の特例に関する法律施行令	電帳令
国税通則法施行規則	通則規

所得税法施行規則	所規
電子計算機を使用して作成する国税関係帳簿書類の保存方法等の特例に関する法律施行規則	電帳規
国税通則法第７章の２（国税の調査）等関係通達の制定について（法令解釈通達）	調査通達
国税通則法基本通達（徴収部関係）	通基通（徴）
延滞税の計算期間の特例規定の取扱いについて（法令解釈通達）	延滞税期間通達
電子帳簿保存法取扱通達	電帳通達
申告所得税及び復興特別所得税の過少申告加算税及び無申告加算税の取扱いについて（事務運営指針）	過少加算税指針（所）
法人税の過少申告加算税及び無申告加算税の取扱いについて（事務運営指針）	過少加算税指針（法）
相続税、贈与税の過少申告加算税及び無申告加算税の取扱いについて（事務運営指針）	過少加算税指針（相）
消費税及び地方消費税の更正等及び加算税の取扱いについて（事務運営指針）	加算税指針（消）
源泉所得税及び復興特別所得税の不納付加算税の取扱いについて（事務運営指針）	不納付加算税指針
申告所得税及び復興特別所得税の重加算税の取扱いについて（事務運営指針）	重加算税指針＊

＊は本文中でも使用。

〔例〕　国税通則法第65条第３項第１号　➡　通則法65③一

＜文献等＞

正式名称	略　称
国税庁課税総括課「質問応答記録書作成の手引」（令和２年11月）（TAINS：課税総括課情報 R021120-03）	手引＊
各年度の「税制改正の解説」（財務省ウェブサイト）	平（令）〇改正解説
金子宏『租税法　第24版』（弘文堂、2021）	金子・租税法
武田昌輔監修『DHCコンメンタール国税通則法』（第一法規、加除式、1982）	コンメ

酒井克彦『租税実務必携　附帯税の理論と実務』（ぎょうせい、2010）	酒井・附帯税
品川芳宣『国税通則法の理論と実務』（ぎょうせい、2017）	品川・通則法
品川芳宣『附帯税の事例研究　第四版』（財経詳報社、2012）	品川・附帯税
定塚誠編著『行政関係訴訟の実務』（商事法務、2015）	定塚・行訴
梅本淳久『[処分取消事例] にみる重加算税の法令解釈と事実認定』（ロギカ書房、2020）	梅本・重加
谷原誠『税務のわかる弁護士が教える　税務調査における重加算税の回避ポイント』（ぎょうせい、2019）	谷原・重加
高橋和之ほか編『法律学小辞典　第５版』（有斐閣、2016）	法律学小辞典
志場喜徳郎ほか共編『国税通則法精解』（大蔵財務協会、令和４年改訂、2022）	精解
今村隆ほか『課税訴訟の理論と実務』（税務経理協会、1998年）	今村・課税訴訟

＊は本文中でも使用。

＜公刊物＞

税務訴訟資料	税資	訟務月報	訟月
判例タイムズ	判タ	最高裁判所民事判例集	民集
判例時報	判時	行政事件裁判集	行集
国税不服審判所裁決事例集	裁事	最高裁判所刑事判例集	刑集

＜判決＞

東京地裁判決	東京地判	最高裁判決	最判
東京高裁判決	東京高判		

本書の理論編及び応用編での解説は、青木丈『税理士のための税務調査手続ルールブック（改訂版）』（日本法令、2023）184 ～ 252頁及び野一色直人『国税通則法の基本　その趣旨と実務上の留意点』（税務研究会出版局、2020）66 ～ 139頁の解説に依拠している。

第 1 章

附帯税の意義～総　論

理論編

I 附帯税の意義

申告納税制度が採用されている各種の国税について、期限内に適正な申告納税をしなかった納税者に何らかのペナルティを科さなければ、正直者が馬鹿を見ることになってしまい、法定申告期限や法定納期限を設けた意味もなくなってしまう。そこで、国税の期限内における適正な申告納税を促し、期限内に適正な納税申告をした者とのバランスを確保するという観点から、期限内に適正な納税申告及び納付をしなかった者に対し、本税＊1に加えて、附帯税を課すこととしているのである（通則法第６章）。なお、この「附帯税」という名称は、本税に附帯して課されるものであるということに由来する。

学説上は、附帯税は国税の附帯債務（主たる債務に附帯して生ずる従たる債務）であり、本来の意味の租税ではないとされているが、便宜上、本税と併せて徴収され、またその額の計算の基礎となる税額の属する税目の国税とされる（通則法60③・④、64①・③、69）（金子・租税法898頁）（Q2（17頁）参照）。

附帯税は、前述のような納税申告及び納付が適正に履行されない場合の制裁的な機能を有するほか、納付の遅れに対する遅延利息（約定利息）の機能も有している。すなわち、債権者は、私法上の債務を履行しない債務者に対して、例えば履行の強制（民法414）、特に金銭債務については約定利率又は法定利率に基づく損害賠償の請求が可能である（民法419）。そこで、租税債権が金銭債権であるという点に着目し、納税者が正当な納期限内に所定の税額を納付しないといった税務上の義務である租税債務を履行しない場合に、債権者である国は、当

＊1　所得税や法人税のような本来的な租税のことを、附帯税に対して「本税」という。

該納税者に対して、租税債権の回収、すなわち納税者の財産の差押え等の滞納処分（徴収法47等）のみならず、租税の納付の遅れに対する遅延利息（約定利息）の求めが可能であること（通則法60等）が規定されているのである。

附帯税の特徴

1　附帯税の課税方式

附帯税は、申告納税制度において、例外的に申告納税方式*2によらない租税であるという特徴がある。

すなわち附帯税は、税務署長の処分によって確定するもの（＝賦課課税方式。通則法16①二）と、一定の事実の発生により成立すると同時に確定するもの（＝自動確定方式。通則法15①柱書）の二種類に区分される。

具体的には、附帯税のうち、加算税は賦課課税方式であり（通則法16②二）、延滞税及び利子税は自動確定方式である（通則法15③七）。これについては、下記Ⅲ（５頁）に掲げた図表１－１も参照されたい。

＊２　「申告納税方式」とは、納付すべき税額が納税者のする申告により確定することを原則とし、その申告がない場合又はその申告に係る税額の計算が国税に関する法律の規定に従っていなかった場合その他当該税額が税務署長又は税関長の調査したところと異なる場合に限り、税務署長又は税関長の処分により確定する方式をいう（通則法16①一）。

2　附帯税の付随性と独立性

(1)　附帯税の付随性

附帯税は、本税と併せて徴収され（通則法60③、64①）、その額の計算の基礎となる税額の属する税目の国税とされる（通則法60③・④、64①・③、69）という付随的性質を有している。そのため、その対象となる本税自体が判決等で取り消された場合には、附帯税はその成立の基礎を失うことになり、その賦課は効力を有しないこととなる（東京高判昭和23年10月13日税資22号１頁）。これを本書では「附帯税の付随性」という（Q80（223頁）参照）。

(2)　附帯税の独立性

ただし、加算税を確定する賦課決定は、本税を確定する更正等とは別の処分であることから、当該賦課決定に対して、本税の課税処分とは別の理由により取消しを求めることができる場合がある。これを本書では「附帯税の独立性」という（Q81（223頁）参照）。

3　附帯税の減免

附帯税には、一定の要件を満たせば減免されるという特徴もある。これは、附帯税が①納税申告及び納付が適正に履行されない場合の制裁的な機能並びに②納付の遅れに対する遅延利息（約定利息）の機能も有しているとはいえ、そうした機能を果たす必要がない場合もあり得るからである。すなわち、①については、納税申告及び納付が適正に履行されなかったことに、真に納税者の責めに帰することのできない客観的な事情がある場合や附帯税を賦課することが不当又は酷になる場合があり、また、附帯税の賦課が自発的な修正申告や期限後申告の足枷になることもあるからである。②については、本税の納付が猶予されたような場合や、納付遅延について納税者にやむを得ない理由がある場合には、附帯税を課す必要性が乏しいこともあるからである。

Ⅲ 附帯税の種類

「附帯税」は、具体的には「国税のうち延滞税、利子税、過少申告加算税、無申告加算税、不納付加算税及び重加算税をいう」ものと定義されており（通則法２四）（図表１－１）、これら延滞税や加算税等の総称として用いられているということである。

■図表１－１　附帯税の類型

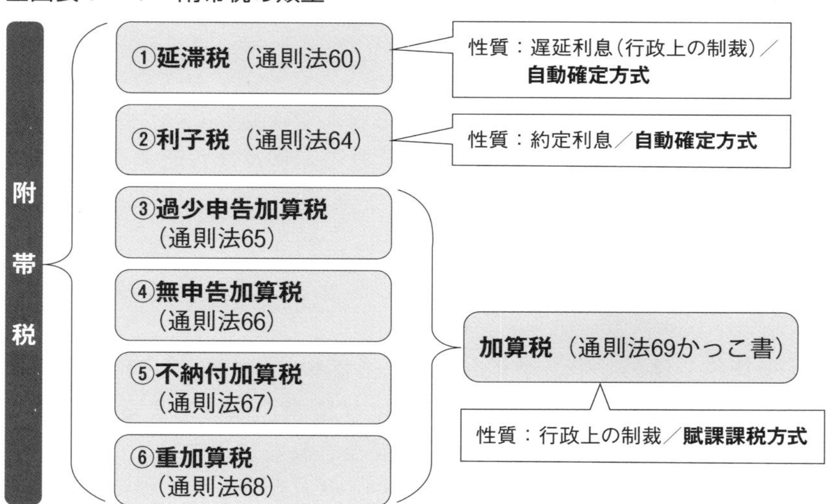

このうち、①延滞税及び②利子税は、遅延利息や約定利息的な意味合いを有している。

これに対して、③過少申告加算税、④無申告加算税、⑤不納付加算税及び⑥重加算税（これらを併せて「加算税」という（通則法69かっこ書)）については、行政制裁的な意味合いを有している。なお、附帯税ではないのだが、印紙税法上、加算税と似たような性格を有する「過怠税」という制度が設けられている（印法20)。

以上の各種附帯税（利子税を除く）及び過怠税については、所得税の所得計算上、必要経費に算入することはできず（所法45①二・三)、法人税法上も損金算入することはできない（法法55④)。

なお、地方税では、これまでみた国税の各種附帯税に相当するものとして、「延滞金」(国税の延滞税及び利子税に相当)、「過少申告加算金」、「不申告加算金」及び「重加算金」というものがあり、概ね国税と同様の制度となっている（Q91（235頁）参照)。

Ⅳ 加算税の概要

各種加算税の詳細については第３章以下で確認していくが、ここでは各種加算税に共通する意義やそれぞれの関係及び共通する事項について確認しておこう。

1 加算税の意義と種類

「加算税」は、①申告納税方式による国税について法定申告期限までに適正な申告がなされない場合や、②源泉徴収等による国税[*3]について法定納期限までに適正な納付がなされない場合に、その申告・納付を怠った程度に応じて課されるものであり、申告・納付の義務違反に対する行政制裁的な性格を有している。

このような加算税の趣旨について、最高裁（最大判昭和33年４月30日民集12巻６号938頁）は、「単に過少申告・不申告による納税義務違

＊3　「源泉徴収等による国税」とは、源泉徴収に係る所得税及び特別徴収に係る国際観光旅客税（これらの税に係る附帯税を除く）をいう（通則法２二)。

反の事実があれば」、やむを得ない事情の「ない限り、その違反の法人に対し課せられるものであり、これによって、過少申告・不申告による納税義務違反の発生を防止し、以つて納税の実を挙げんとする趣旨に出でた行政上の措置であると解すべきである」と判示している。また同様に、最判平成18年4月20日民集60巻4号1611頁は、「過少申告加算税は、過少申告による納税義務違反の事実があれば、原則としてその違反者に対し課されるものであり、これによって、当初から適法に申告し納税した納税者との間の客観的不公平の実質的な是正を図るとともに、過少申告による納税義務違反の発生を防止し、適正な申告納税の実現を図り、もって納税の実を挙げようとする行政上の措置であ〔る〕」（下線著者）と判示している。

加算税の種類は、上記①に対応するものとして過少申告加算税（通則法65）及び無申告加算税（通則法66）があり、②に対応するものとして不納付加算税（通則法67）がある。そして、これらの加算税が課される場合で、課税標準等又は税額等の計算の基礎となるべき事実を隠蔽又は仮装していたときに、これらの加算税に代えて課される（併課はされない）重加算税（通則法68）がある（図表1－2）。

■図表1－2　加算税の種類

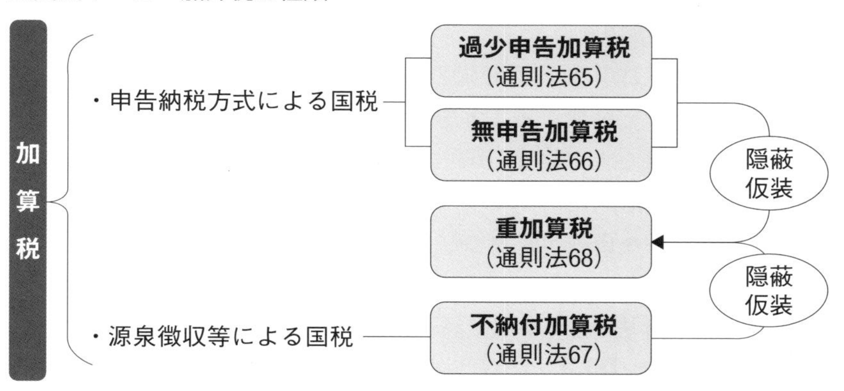

これらの加算税は、主として、次の場合に課される（かっこ内は原

則的な割合）。

〈各加算税の課税要件〉
❶　過少申告加算税（10%）
　修正申告書の提出又は更正があった場合
❷　無申告加算税（15%）
　期限後申告書の提出又は決定があった場合
❸　不納付加算税（10%）
　源泉徴収等による国税がその法定納期限までに完納されなかった場合
❹　重加算税（❶・❸35%、❷40%）
　❶～❸の加算税が課される場合で、課税標準等又は税額等の計算の基礎となるべき事実を隠蔽・仮装していた場合

これら加算税の税目は、「その額の計算の基礎となる税額の属する税目の国税」とされている（通則法69）。これは、各種加算税は、原則としてそれに対応する本税に含まれるということであり、歳入科目及び国税収納金整理資金の整理についても各本税のうちに含まれることになる（精解844頁）。

また、これら加算税と延滞税の関係については、「行政罰に対してさらに遅延利子を付加することを避けるという考慮と負担過重を避けるという考慮から」（精解716頁）、加算税には延滞税を課さないこととされている（通則法60①一・二・三かっこ書参照）。

なお、不適正な申告・納付が、「偽りその他不正の行為」等により、脱税犯（所法238①・②、239①等）、無申告犯（所法238③・④等）又は不納付犯（所法240①等）に該当するときは、併せて刑事罰が科されることになる（**Q75**（210頁）参照）。

2　加算税の成立と確定手続等

加算税の納税義務は、法定申告期限又は法定納期限の経過の時（還付請求申告書に係る過少申告加算税又は重加算税については、その還付請求申告書の提出の時）に成立する（通則法15②十四・十五、通則令5十一）。

もっとも、加算税は、他の附帯税（延滞税及び利子税）のような自動確定方式ではなく、賦課課税方式が採られている。すなわち、加算税は、税務署長がその決定に係る課税標準及び納付すべき税額を記載した賦課決定通知書を処分対象者（納税者）に送達することによって、納税義務が具体的に確定することになる（通則法32①三）。

加算税（不納付加算税を除く）の納期限は、原則として、当該加算税に係る賦課決定通知書が発せられた日の翌日から起算して１か月を経過する日である（通則法35③）。

以上のような加算税には、加重制度や不適用・軽減制度も設けられており、それらも含めて図表１－３に加算税一覧表を掲げる。

これら各加算税の個別の内容については、第３章以降で詳しく見ていこう。

■図表１－３　加算税一覧表

名　称	課税要件	課税割合（増差本税に対する）	不適用・割合の軽減	
			要　件	不適用・軽減割合
過少申告加算税（注１～３）	期限内申告について、修正申告・更正があった場合	10% ［期限内申告税額と50万円のいずれか多い金額を超える部分（※）］15%	・正当な理由がある場合 ・更正を予知しない修正申告の場合（注４）	不適用

<table>
<tr><td rowspan="2">無申告加算税
（注１・３・５・６）</td><td rowspan="2">①期限後申告・決定があった場合
②期限後申告・決定について、修正申告・更正があった場合</td><td rowspan="2">15％
［50万円超300万円以下の部分］
20％
［300万円超の部分］
30％（注７）</td><td>・正当な理由がある場合
・法定申告期限から１月以内にされた一定の期限後申告の場合</td><td>不適用</td></tr>
<tr><td>更正・決定を予知しない修正申告・期限後申告の場合（注４）</td><td>５％</td></tr>
<tr><td rowspan="2">不納付加算税</td><td rowspan="2">源泉徴収等による国税について、法定納期限後に納付・納税の告知があった場合</td><td rowspan="2">10％</td><td>・正当な理由がある場合
・法定納期限から１月以内にされた一定の期限後の納付の場合</td><td>不適用</td></tr>
<tr><td>納税の告知を予知しない法定納期限後の納付の場合</td><td>５％</td></tr>
<tr><td>重加算税
（注５・６・８）</td><td>仮装隠蔽があった場合</td><td>［過少申告加算税・不納付加算税に代えて］
35％
［無申告加算税に代えて］
40％</td><td colspan="2">（※の例）
申告納税額250万円
修正申告により納付すべき税額：50万円（15％）、100万円（10％）
期限内申告100万円</td></tr>
</table>

（注１）国外財産調書・財産債務調書の提出がある場合には５％軽減（所得税・相続税）する。国外財産調書・財産債務調書の提出がない場合等には５％加算（所得税・相続税（財産債務調書については所得税））する。国外財産調書について、税務調査の際に国外財産の関連資料の不提出等があった場合には更に５％加算等する。

（注２）電子帳簿等保存法上の一定の要件を満たす電子帳簿（優良な電子帳簿）に記録された事項に関して生じる申告漏れ（重加算税対象がある場合を除く。）については、過少申告加算税を５％軽減する。

（注３）税務調査の際に行われる税務当局の質問検査権の行使に基づく帳簿の提示又は提出の要求に対し、帳簿の不提出等があった場合には、過少申告加算税又は無申告加算税を５％又は10％加算（所得税・法人税・消費税）する。

（注４）調査通知以後、更正・決定予知前にされた修正申告に基づく過少申告加算税の割合は５％（※部分は10％）、期限後申告等に基づく無申告加算税の割合は10％（50万円超300万円以下の部分は15％、300万円超の部分は25％）とする。

（注５）過去５年内に、無申告加算税（更正・決定予知によるものに限る。）又は重加算税を課されたことがあるときは、10％加算する。

（注６）前年度及び前々年度の国税について、無申告加算税（申告が、調査通知前に、かつ、更正・決定予知前にされたものであるときに課されたものを除く。）又は無申告重加算税を課される者が更なる無申告行為を行う場合に

は、10％加算する。

（注７）納税者の責めに帰すべき事由がないと認められる事実に基づく税額（例えば、相続税事案で、本人に帰責性がないと認められる事実に基づく税額（相続人が一定の確認をしたにもかかわらず、他の相続人の財産が事後的に発覚した場合において、その相続財産について課される税額））については、上記の300万円超の判定に当たっては除外される。

（注８）スキャナ保存が行われた国税関係書類に係る電磁的記録又は電子取引の取引情報に係る電磁的記録に記録された事項に関して生じる仮装隠蔽があった場合の申告漏れについては、重加算税を10％加算する。

（出典）財務省作成資料

なお、近年の税制改正では、たびたび加算税制度が見直されており、そのほとんどが納税者へのペナルティを強化するものである（図表１－４参照）。そして、令和６年度税制改正大綱には「さらに、税務調査に対する非協力や納税者の不正への第三者による加担行為への対応について中期的に検討していく。」＊４との記述があるので、こうした加算税によるペナルティ強化の見直しは、今後も継続されていくものと推測される。

■図表１－４　近年の税制改正における加算税の見直し（主なもの）

改正年度	改正内容	対象加算税	納税者への影響
平27年度	・無申告加算税の不適用制度に係る期限後申告書の提出期間の延長	無申告	緩和
平28年度	・調査通知を受けて修正申告等を行う場合の過少申告加算税等の整備	過少・無申告	強化
	・短期間に繰り返して無申告又は隠蔽・仮装が行われた場合の無申告加算税等の加重措置の創設	無申告・重加	強化
令４年度	・記帳水準の向上に資するための過少申告加算税等の加重措置の整備	過少・無申告	強化
令５年度	・高額な無申告に対する無申告加算税の割合の引上げ	無申告	強化

＊４　自由民主党＝公明党「令和６年度税制改正大綱」（令和５年12月14日）23頁。

令５年度	・一定期間繰り返し行われる無申告行為に対する無申告加算税等の加重措置の整備	無申告・重加	強化
令６年度	・隠蔽し、又は仮装された事実に基づき更正請求書を提出していた場合の重加算税制度の整備	重加	強化

附帯税にまつわる用語の定義

本書で登場する附帯税に関わる主な用語の定義は、図表１－５のとおりである。なお、これらの用語の定義は、すべて法定されているものである。

■図表１－５　附帯税に関わる用語の定義（50音順）

用　　語	意　　義
延納 （通則法２八）	所得税法又は相続税法の規定による延納をいう。
加算税 （通則法69）	過少申告加算税、無申告加算税、不納付加算税及び重加算税をいう。
課税期間 （通則法２九）	国税に関する法律の規定により国税の課税標準の計算の基礎となる期間（課税資産の譲渡等に係る消費税については、消費税法19条（課税期間）に規定する課税期間）をいう。
課税標準申告書 （通則法31②）	国税通則法31条１項の申告書をいう。
課税標準等（通則法19①柱書、２六イ～ハ）	次の３つの事項をいう。 (1)　課税標準（国税に関する法律に課税標準額又は課税標準数量の定めがある国税については、課税標準額又は課税標準数量） (2)　課税標準から控除する金額 (3)　純損失等の金額

還付加算金 （通則法58①柱書）	国税通則法58条１項各号に掲げる還付金等の区分に従い当該各号に定める日の翌日からその還付のための支払決定の日又はその充当の日（同日前に充当をするのに適することとなった日がある場合には、その適することとなった日）までの期間（他の国税に関する法律に別段の定めがある場合には、その定める期間）の日数に応じ、その金額に年7.3%の割合を乗じて計算した金額＊5をいう。
還付金 （通則法２六）	国税に関する法律の規定による国税の還付金をいう。
還付金等 （通則法56①）	還付金又は国税に係る過誤納金をいう。
還付請求申告書 （通則法61①二、通則令26①）	還付金の還付を受けるための納税申告書（納税申告書に記載すべき課税標準等及び税額等が国税に関する法律の規定により正当に計算された場合に当該申告書の提出により納付すべき税額がないものに限る）で国税通則法17条２項（期限内申告）に規定する期限内申告書以外のものをいう。
期限後申告書 （通則法18②）	国税通則法18条（期限後申告）１項の規定により提出する納税申告書をいう。
期限内申告書 （通則法17②）	国税通則法17条（期限内申告）１項の規定により提出する納税申告書をいう。
源泉徴収等による国税 （通則法２二）	源泉徴収に係る所得税及び特別徴収に係る国際観光旅客税（国際観光旅客税法２①七）（これらの税に係る附帯税を除く）をいう。
更正決定等 （通則法58①一イ）	更正もしくは国税通則法25条（決定）の規定による決定又は賦課決定をいう。
更正の請求 （通則法23②柱書）	国税通則法23条１項の規定による更正の請求をいう。
更正又は決定 （通則法28①）	国税通則法24条～26条（更正・決定）の規定による更正又は決定をいう。
国税 （通則法２一）	国が課する税のうち関税、とん税、特別とん税、森林環境税及び特別法人事業税以外のものをいう。
国税の徴収権 （通則法72①）	国税の徴収を目的とする国の権利をいう。
国税庁等 （通則法74の2①柱書）	国税庁、国税局又は税務署をいう。

＊5　実際の割合は、租税特別措置法95条の規定により毎年変動することとされており、令和４年～同６年までの割合は0.9%である（第２章理論編Ⅱ[2]・28頁参照）。

質問検査等 (通則法74の９①柱書)	国税通則法74条の２～74条の６（当該職員の質問検査権）の規定による質問、検査又は提示もしくは提出の要求をいう。
自動確定方式 (通則法15③柱書)	納税義務の成立と同時に特別の手続を要しないで納付すべき税額が確定する国税をいう。
修正申告書 (通則法19③)	国税通則法19条（修正申告）１項及び２項の規定により提出する納税申告書をいう。
純損失等の金額 (通則法２六ハ)	次に掲げる金額をいう。 (1) 所得税法に規定する純損失の金額又は雑損失の金額でその年以前において生じたもののうち、同法の規定により翌年以後の年分の所得の金額の計算上順次繰り越して控除し、又は前年の所得に係る還付金の額の計算の基礎とすることができるもの (2) 法人税法に規定する欠損金額でその事業年度以前において生じたもの（欠損金の繰越しの規定（法法57②）により欠損金額とみなされたものを含む）のうち、同法の規定により翌事業年度以後の事業年度分の所得の金額の計算上順次繰り越して控除し、又は前事業年度以前の事業年度分の所得に係る還付金の額の計算の基礎とすることができるもの (3) 相続時精算課税に係る贈与税の特別控除の規定（相法21の12）によりその規定の適用を受けて控除した金額がある場合における当該金額の合計額を2,500万円から控除した残額
純損失の繰戻し等による還付金額 (通則法19④二ハ)	所得税法142条２項（純損失の繰戻しによる還付の手続等）（所法166（申告、納付及び還付）において準用する場合を含む）又は法人税法80条10項（欠損金の繰戻しによる還付）（法法144の13⑬（欠損金の繰戻しによる還付）において準用する場合を含む）もしくは地方法人税法23条１項（欠損金の繰戻しによる法人税の還付があった場合の還付）の規定により還付する金額をいう。
消費税等 (通則法２三)	消費税、酒税、たばこ税、揮発油税、地方揮発油税、石油ガス税及び石油石炭税をいう。
申告納税方式 (通則法16①一)	納付すべき税額が納税者のする申告により確定することを原則とし、その申告がない場合又はその申告に係る税額の計算が国税に関する法律の規定に従っていなかった場合その他当該税額が税務署長又は税関長の調査したところと異なる場合に限り、税務署長又は税関長の処分により確定する方式をいう。

税額等 （通則法19①柱書、2六ニ～ヘ）	次の3つの事項をいう。 (1) 納付すべき税額 (2) 還付金の額に相当する税額 (3) (1)の税額の計算上控除する金額又は還付金の額の計算の基礎となる税額
電磁的記録 （通則法34の6③）	電子的方式、磁気的方式その他の人の知覚によっては認識することができない方式で作られる記録であって、電子計算機による情報処理の用に供されるものをいう。
納期限 （通則法37①柱書）	国税通則法35条（申告納税方式による国税の納付）又は36条2項（納税の告知）の納期限（予定納税に係る所得税については、所法104①、107①又は115（予定納税額の納付）（これらの規定を所法166（非居住者に対する準用）において準用する場合を含む）の納期限とし、延滞税及び利子税についてはその計算の基礎となる国税のこれらの納期限とする）をいう。
納税義務 （通則法15①）	国税を納付する義務（源泉徴収等による国税については、これを徴収して国に納付する義務）をいう。
納税者 （通則法2五）	国税に関する法律の規定により国税（源泉徴収等による国税を除く）を納める義務がある者（徴収法に規定する第二次納税義務者及び国税の保証人を除く）及び源泉徴収等による国税を徴収して国に納付しなければならない者をいう。
納税申告書 （通則法2六）	申告納税方式による国税に関し国税に関する法律の規定により次に掲げるいずれかの事項その他当該事項に関し必要な事項を記載した申告書（還付金の還付を受けるための申告書でこれらのいずれかの事項を記載したものを含む）をいう。 (1) 課税標準（国税に関する法律に課税標準額又は課税標準数量の定めがある国税については、課税標準額又は課税標準数量。以下同じ） (2) 課税標準から控除する金額 (3) 純損失等の金額 (4) 納付すべき税額 (5) 還付金の額に相当する税額 (6) (4)の税額の計算上控除する金額又は還付金の額の計算の基礎となる税額
納税の猶予 （通則法47①）	国税通則法46条（納税の猶予の要件等）の規定による納税の猶予をいう。
賦課課税方式 （通則法16①二）	納付すべき税額がもっぱら税務署長又は税関長の処分により確定する方式をいう。

賦課決定 (通則法32⑤)	国税通則法32条（賦課決定）１項又は２項の規定による決定をいう。
附帯税 (通則法２四)	国税のうち延滞税、利子税、過少申告加算税、無申告加算税、不納付加算税及び重加算税をいう。
法定申告期限 (通則法２七)	国税に関する法律の規定により納税申告書を提出すべき期限をいう。
法定納期限 (通則法２八)	国税に関する法律の規定により国税を納付すべき期限（次に掲げる国税については、それぞれ次に定める期限又は日）をいう。この場合において、繰上げに係る期限（通則法38②）及び延納、納税の猶予又は徴収もしくは滞納処分に関する猶予に係る期限は、当該国税を納付すべき期限に含まれない。 (1)　申告納税方式による国税等の納付の規定（通則法35②）により納付すべき国税　その国税の額をその国税に係る期限内申告書に記載された納付すべき税額とみなして国税に関する法律の規定を適用した場合におけるその国税を納付すべき期限 (2)　国税に関する法律の規定により国税を納付すべき期限とされている日後に納税の告知がされた国税（(3)又は(4)に掲げる国税に該当するものを除く。）　当該期限 (3)　国税に関する法律の規定により一定の事実が生じた場合に直ちに徴収するものとされている賦課課税方式による国税　当該事実が生じた日 (4)　附帯税　その納付又は徴収の基因となる国税を納付すべき期限（当該国税が(1)から(3)までに掲げる国税に該当する場合には、それぞれ当該国税に係る(1)から(3)までに掲げる期限（地価税に係る過少申告加算税、無申告加算税及び国税通則法35条３項に規定する重加算税については、先に到来する期限）又は日）
保税地域 (通則法９の３①)	関税法29条（保税地域の種類）に規定する保税地域をいう。
予定納税に係る所得税 (通則法15③一)	所得税法第２編第５章第１節（予定納税）（所法166（申告、納付及び還付）において準用する場合を含む）の規定により納付すべき所得税をいう。

応用編

附帯税（延滞税・加算税）の共通項目

1　青色申告と白色申告の違いによる加算税賦課要件の差異の有無

Q1 過少申告加算税等の加算税を賦課する上で、納税者が青色申告であるか白色申告であるかによって、加算税の額（増差税額に乗じる割合）等に違いが生じるのでしょうか。

A 青色申告と白色申告に関して、国税通則法65条等の過少申告加算税等のすべての加算税に係る賦課の要件については、取扱いに差異を設けることは規定されていない。

2　附帯税（延滞税・利子税・加算税）の納付

Q2 附帯税（延滞税・利子税・加算税）は、本税と別に納付する（徴収される）ものですか。

A 延滞税や利子税は本税と併せて納付しなければならないとされているが（通則法60③、64①）、加算税についてはそのようなことは明確に規定されていない。ただ、①加算税の税目の取扱いが延滞税や利子税と同様であること、②国税通則法上、附帯税とは「国税のうち延滞税、利子税、過少申告加算税、無申告加算税、不納付加算税及び重加算税をいう。」（通則法２四）と定義されており、「国税の附帯債務のことを附帯税」（「主たる債務に附帯して生ずる従たる債務を附帯債務と呼ぶ」。金子・租税法898頁）や「本税たる国税債権に付加して負担させる税」（今村・課税訴訟365頁）といった説明等、あるいは便宜の点も踏まえると、延滞税や利子税と同様、本税と併せて納付する（徴収される）ものであるといってよい（金子・租税法898頁、今村・課税訴訟366頁）（**第１章理論編Ⅰ・２頁参照**）。

3 加算税の消滅時効の起算点

Q3 加算税の消滅時効（消滅時効の起算点）は、どのようになりますか。

A 加算税の消滅時効の起算日は本税の法定納期限（通則法２八）の翌日であり、消滅時効の期間は５年とされている（通則法72）（今村・課税訴訟375頁、精解915～916頁）。

また、賦課決定（通則法32①三）や納税の告知（通則法36①一）により、消滅時効は中断し、納期限の経過とともに消滅時効は新たに進行を開始する（通則法73①一・二）（今村・課税訴訟375頁、精解924～926頁）。

4 修正申告等の勧奨等と加算税の負担との関係

Q4 実地の調査の終了時、修正申告等の勧奨があり（通則法74の11③）、当該勧奨に沿って、修正申告書や期限後申告書を提出することを選択する場合、あるいは、当該勧奨に沿わず、増額更正や決定を受けることを選択する場合、選択の違いによって、加算税の負担に違いが生じるのでしょうか。

A 修正申告等の勧奨に沿って、修正申告書等を提出した場合であっても、更正の予知に関する加算税の免除（軽減）の対象外（**Q32**（109頁）参照）であることから、当該勧奨に沿わず、増額更正や決定を受けた場合と同様の加算税の負担が求められることとなる。

なお、偽りその他不正の行為により国税を免れた等の場合（重加算税が課される場合を含む（延滞税期間通達））を除き、期限内申告書が提出され、法定申告期限から１年を経過する場合、当該勧奨に沿って、修正申告書等を提出されたとき、あるいは、当該勧奨に沿わず、増額更正や決定されたときのいずれのときであっても、延滞税の計算の特例期間の対象となる（通則法61①）（**第２章理論編Ⅲ**3・32頁参照）。

5 加算税の納付の単位

Q5 加算税については、１円単位で納付する必要があるのでしょうか（端数処理がされるのでしょうか）。

A 加算税を含む附帯税について、附帯税の確定金額に100円未満の端数があるときは、その端数金額は切り捨てられる（通則法119④）。

また、延滞税（利子税）の全額が1,000円未満であるときや加算税の全額が5,000円未満であるときは、その全額が切り捨てられる（通則法119④かっこ書）。

なお、延滞税や利子税については、特例措置（措法93、94）が適用される場合、延滞税や利子税の額の計算において、その計算過程における金額に１円未満の金額が生じたときは、これは切り捨てられる（措法96②）。

第2章
延滞税・利子税

理論編

本章では、国税が法定納期限までに完納されない場合にその未納税額の納付遅延に対して課される延滞税、及び延納や法人税の申告期限の延長等が認められた場合にその延長が認められた期間の納付遅延に対して課される利子税について詳しく解説しよう。

Ⅰ 延滞税・利子税の意義

1 趣旨・目的

(1) 延滞税の意義

延滞税は、国税の一部又は全部を法定納期限内に納付しない場合に、その不納付税額及び不納付期間に応じて負担を求められる金銭的負担であり、納税義務の不履行に伴う損害賠償としての遅延利息の意味合いを有している。この履行遅滞に対する損害賠償という性質は、期限内に適正に国税を履行した者との均衡を図るために設けられた制度であると説明されている（精解711頁）。

この延滞税の趣旨・目的については、「納付の遅延に対する民事罰の性質を有し、期限内に申告及び納付をした者との間の負担の公平を図るとともに期限内の納付を促すことを目的とするもの」（最判平成26年12月12日訟月61巻５号1073頁）とされており、税法上の義務の不履行に対する一種の行政上の制裁の性質を有するともいえる。

(2) 利子税の意義

一方、利子税は、延納や法人税の申告期限の延長等が認められた場合に、その延長が認められた期間の約定利息という性質を持つ附帯税である。ここで、前述の延滞税の遅延利息という性質とは異なっていることがポイントである。

例えば、所得税法131条や相続税法38条等の規定により申告税額の延納が認められた場合、納税者は利子税を納付しなければならない。すなわち、延納等又は提出期限の延長期間中は国税の履行遅滞には当たらないため、当該期間においては延滞税ではなく（より利率が低い）利子税を納付しなければならない。

この利子税の趣旨・目的については、「右の当然納入すべきであった本税を延滞したことによる利子で、刑罰に当らないことはもとより、いわゆる行政罰にも当らない。」（東京高判昭和43年12月10日税資58号786頁）とされており、利子税は（延滞税とは異なり）制裁としての性質を有していない。

なお、各種附帯税のうち、この利子税のみ、所得税の所得計算上、必要経費に算入することができ（所法45①二かっこ書）、法人税法上も損金算入することができる（法法38①三）（**Q6**（42頁）参照）。

2 課税要件等

(1) 延滞税の課税要件等

延滞税は、次のようなときに課される。

〈延滞税の課税要件〉

(1) 申告納税方式による国税

・期限内申告書を提出した場合に、その納付すべき国税をその法定納期限までに完納しないとき（通則法60①一）。

・期限後申告書・修正申告書を提出したことにより、又は更正・決定により、納付すべき国税があるとき（通則法60①二）。

⑵　賦課課税方式による国税

・納税の告知により納付すべき国税をその法定納期限後に納付するとき（通則法60①三）。

⑶　予定納税による所得税

・予定納税に係る所得税をその法定納期限までに完納しないとき（通則法60①四）。

⑷　源泉徴収等による国税

・源泉徴収等による国税をその法定納期限までに完納しないとき（通則法60①五）。

ここで、延滞税の課税要件の要素となる「法定納期限」の意義を確認しておこう。申告納税方式による国税の納付について期限内申告書を提出した者は、当該申告書の提出により納付すべきものとして記載した税額を法定納期限までに納付しなければならないとされている（通則法35）。このような場合、法定納期限の翌日が延滞税の計算期間の起算日となること（通則法60②）から、延滞税の問題を整理する上で、「法定納期限」の意味が重要となる。

「法定納期限」とは、「国税に関する法律の規定により国税を納付すべき期限」（通則法２八）と定義されている。具体的には、例えば申告所得税の場合、法定申告期限と法定納期限が一致し、翌年３月15日とされている（所法128、120）。また、源泉所得税の場合、例えば利子所得、配当所得や給与所得に係る源泉徴収については、原則として、徴収の日の翌月10日とされている（所法181、183）。ただし、期限後申告や修正申告については、具体的に納付すべきとされている日（その期限後申告書又は修正申告書を提出した日（通則法35②一）。これを「納期限」（≠「法定納期限」）＊6という（通則法37①柱書））とはされず、当該修正申告等に記載された国税の額を、期限内申告書に記載された納付すべき税額とみなして、期限内申告書の提出により納付すべき本来の期限とされている（通則法２八イ）。例えば所得税の修正申告の法定納期限は、修正申告書の提出の日ではなく、当該修正申告に係る所得税の確定申告書の法定納期限である３月15日とされ、その翌日が延滞税の計算上の始期となる（**Q7**（42頁）参照）。

ところで、延滞税は本税だけを対象として課されるものであり、加算税や過怠税に対しては課されない（通則法60①一・三かっこ書）。

このような延滞税は、特別の手続を要しないで納付すべき税額が自動的に確定する（＝自動確定方式。通則法15③七）。したがって、納税者の申告や税務署長の処分は必要とされていない。すなわち、納税者に対する延滞税の納付すべき旨の税務署長の通知（催告書）については、「行政庁の処分その他公権力の行使に当たる行為」（行審法１②、行訴法３②）に該当せず、当該通知を不服申立てや取消訴訟の対象とすることはできないことに注意が必要である（**第７章理論編Ⅱ**2・220頁参照）。

また、延滞税は、完納されない本税に併せて納付しなければならないことも特徴といえる（通則法60③）。

(2) 利子税の課税要件等

一方、利子税の課税要件は、税目ごとに、主として次のような場合に、それぞれの税目の国税に併せて利子税を納付しなければならないこととされている（通則法64①）。

〈利子税の課税要件〉

(1) 所得税
- 確定申告税額の延納の場合（所法131③）
- 延払条件付譲渡に係る延納の場合（所法136）

＊6　申告納税方式による国税及びその加算税の「納期限」については、国税通則法35条に規定されている（加算税（不納付加算税を除く）の納期限は、原則として、当該加算税に係る賦課決定通知書が発せられた日の翌日から起算して１か月を経過する日（通則法35③））。この「納期限」は、期限内申告書の提出により納付すべき国税については「法定納期限」と概ね一致するが、法定申告期限後に納付すべき税額が確定する修正申告、期限後申告、更正決定等の場合には「法定納期限」と異なることとなる（精解496頁）。

・国外転出をする場合の譲渡所得等の特例等の適用がある場合の納税猶予の場合（所法137の２⑫、137の３⑭）

⑵　法人税

・災害等による確定申告書の提出期限の延長の場合（法法75）

・会計監査による確定申告書の提出期限の延長の場合（法法75の２）

⑶　消費税

・法人の確定申告書の提出期限の延長の場合（消法45の２④）

⑷　相続税

・相続税の延納の場合（相法38①・②、52、措法70の８の２～70の11）

・相続税の物納の場合（相法53①）

・相続税の物納撤回の場合（相法53③）

・農地等についての相続税の納税猶予の場合（措法70の６）

・非上場株式等についての相続税の納税猶予の場合（措法70の７の２）

⑸　贈与税

・贈与税の延納の場合（相法38③・④）

・農地等についての贈与税の納税猶予の場合（措法70の４）

・非上場株式等についての贈与税の納税猶予の場合（措法70の７）

このような利子税が、自動確定方式によること（通則法15③七）、及び完納されない本税に併せて納付しなければならないこと（通則法64①）については、上記⑴で述べた延滞税と同様である。

⑶　法定納期限の延長・延納

災害その他やむを得ない事情がある場合、納税者からの申請や税務署長等の処分により法定納期限の延長が行われることがある。例えば、納税者からの申請の場合（通則法11、通則令３③、消法51）や、国税庁長官が地域及び期日を指定して法定納期限を延長する場合（通則法11、通則令３①）がそれに当たる。このような場合は、延長された期限が法定納期限となり、延長に対応する延滞税や利子税は免除される。

また、法定納期限の延長に類似する制度として、納税者の資金事情等を考慮して、一定期間租税の納付を繰り延べること、すなわち延納が認められる場合がある。具体的には、納税者の申請により、税務署長の処分なく認められる場合（所法131）、納税者の申請に基づき税務署長が許可をする場合（相法38等）が該当する。このような延納が認められた場合、まず、法定納期限の延長と異なり、法定納期限そのものが変更される（延長される）ものではなく、延納に係る期限は、国税通則法上の「法定納期限」に該当しないことが明らかにされている（通則法２八柱書後段）。

ただし、延納が認められた納税者が法定納期限までに納付すべき税額を完納しないことは、履行遅滞とはされない。したがって、延納期間内は税額を納付する必要はなく、延滞税の納付を求められることもないが、納税者間の負担を調整するため、延納の期間に応じて利子税の納付が必要とされているのである。

延滞税・利子税の割合

延滞税及び利子税の課税割合には、以下に解説するような1**本則**と2**特例**があり、実際に適用されるのは2**特例**の割合となる。

1　本　　則

(1)　延滞税の本則の割合

延滞税の本則の割合は、法定納期限の翌日からその国税を完納する日までの期間の日数に応じ、その未納の税額に原則として年14.6％の割合を乗じて計算することとされている（通則法60②本文）。

ただし、納期限までの期間又は納期限の翌日から２か月を経過する日までの期間については、その未納の税額に年7.3％の割合を乗じて計算した額とすることとされている（これも本則。通則法60②ただし書）。

なお、ここでいう「納期限」は、「法定納期限」（通則法２八）とは異なる意味となることに注意を要する。すなわち、この「納期限」とは、国税通則法37条１項柱書で定義づけられている用語である。同項では「納期限」とは、例えば同法35条（申告納税方式による国税の納付）の納期限をいうこととされている。したがって、例えば期限後申告や修正申告については、「その期限後申告書又は修正申告書を提出した日」が、ここでいう「納期限」となる（通則法35②一）。

(2) 利子税の本則の割合

利子税の本則の割合は、法定納期限の翌日から延納等又は延長期間中の未納税額に対し納付する期間に応じ、原則として、法人税、所得税及び消費税については年7.3％の割合（所法131③、136、137の２⑫、137の３⑭、法法75⑦、消法45の２④）、相続税及び贈与税については年6.6％の割合（相法52①一）を乗じて計算することとされている。

なお、延滞税は原則として法定納期限の翌日からその計算の基礎となる国税の完納の日までの期間がその課税期間とされているが（通則法60②本文）、その課税期間が利子税の課税期間を含む場合には、利子税の計算期間は、延滞税の計算期間に算入しないこととされている（通則法64②）。

2 特　　例

前述の本則の割合については、昭和37年の国税通則法の制定以来長く見直されておらず、高金利時代に設定されたものであり、最近の低金利の状況を踏まえれば高すぎるのではないか、といった批判があった。この点、上記本則のうち、年7.3％の適用部分については、平成

12年１月１日以降は「年7.3％」と「前年の11月30日において日本銀行が定める基準割引率＋４％」のいずれか低い割合を適用するという特例が設けられたが、それでも４％を超える高利であり、年14.6％の適用部分についての特例は設けられていなかった。

そこで、平成25年度税制改正によって、当時の低金利の状況を踏まえ、事業者等の負担を軽減する等の観点から、延滞税等の大幅な引下げが行われた（利子税及び還付加算金の割合も併せて引下げ）。この改正により、従来の年7.3％の適用部分については、特例基準割合に１％を加えたものと年7.3％の割合のいずれか低い方にすることとされ、年14.6％の適用部分についても特例基準割合に7.3％を加えた割合となった（措法94①）（図表２－１）。ここで「特例基準割合」とは、各年の前年の11月30日＊7までに財務大臣が告示する割合である貸出約定平均金利に年１％の割合を加算した割合（0.1％未満の端数切捨て）をいうので（措法93②）、この特例の割合は基本的に毎年変動することになる。

さらに、この改正時と比べて現在は国内銀行の貸出金利が全体的に低下していることから、市中金利の実勢を踏まえて、令和２年度税制改正によって、利子税、還付加算金、及び納税猶予等の場合の延滞税の割合がさらに引き下げられた（「貸出約定平均金利＋１％」を「平均貸付割合＋0.5％」に縮小）。ただし、通常の延滞税については、遅延利息としての性格や滞納を防止する機能、回収リスクの観点から、この改正による見直しは行われていない（図表２－１）。

＊7　令和２年度税制改正前は、12月15日。なお、令和６年の平均貸付割合は0.4％とされている（租税特別措置法第九十三条第二項の規定に基づき、令和六年の同項に規定する平均貸付割合を告示する件（財務省告示第289号）（令和５年11月30日））。

■図表２－１　延滞税・利子税等の割合

		内　容	本　則	特　例 （～令2.12.31）	特　例 （令3.1.1～）	〈参　考〉 令和６年分
延滞税		法定納期限を徒過し履行遅延となった納税者に課されるもの	14.6%	特例基準割合（貸出約定平均金利＋１%）＋7.3%	同左	8.7% ❶
	２か月以内等	納期限後２か月以内等については、早期納付を促す観点から低い税率	7.3%	特例基準割合（貸出約定平均金利＋１%）＋１%	同左	2.4% ❷
	納税の猶予等	事業廃止等による納税の猶予等の場合には、納税者の納付能力の減退といった状態に考慮し、軽減（災害・病気等の場合には、全額免除）	２分の１免除（7.3%）	特例基準割合（貸出約定平均金利＋１%）	特例基準割合（平均貸付割合＋0.5%）	0.9% ❸
利子税（主なもの）		所得税法・相続税法の規定による延納等、一定の手続を踏んだ納税者に課されるもの	7.3%	特例基準割合（貸出約定平均金利＋１%）	特例基準割合（平均貸付割合＋0.5%）	0.9% ❸
還付加算金		国から納税者への還付加算金等に付される利息	7.3%	特例基準割合（貸出約定平均金利＋１%）	特例基準割合（平均貸付割合＋0.5%）	0.9% ❸

〈参考〉上表で掲げた❶～❸のこれまでの割合

期　間	割　合		
	❶	❷	❸
平28.1.1 ～ 12.31	9.1%	2.8%	1.8%
平29.1.1 ～ 12.31	9.0%	2.7%	1.7%
平30.1.1 ～令2.12.31	8.9%	2.6%	1.6%
令3.1.1 ～ 12.31	8.8%	2.6%	1.0%
令4.1.1 ～ 6.12.31	8.7%	2.4%	0.9%

なお、ここで掲げた利子税、還付加算金及び延滞税の割合については、令和２年度税制改正により、今後その割合が０%となることがな

いようにするためにに、下限（0.1％）が設けられている（措法96①）。

Ⅲ 延滞税・利子税の計算等

1 減額更正後の修正申告等の場合

申告をした後に減額更正がされ、その後さらに修正申告又は増額更正があった場合におけるその修正申告等により納付すべき税額（その申告税額に達するまでの部分に限る）について、その申告税額の納付日の翌日から修正申告等までの間（減額更正が更正の請求に基づく更正である場合には、その減額更正がされた日から１年を経過する日までの期間を除く）は、延滞税は課されない（通則法61②）。なお、この取扱いは、利子税についても準用される（通則法64③）。

この取扱いは、最判平成26年12月12日訟月61巻５号1073頁（減額更正後に当初申告税額に満たない範囲で増額更正がされた場合において増差税額に係る延滞税は発生していないとされた事例）を受けて、平成28年度税制改正によって創設されたものである。

2 一部納付があった場合

延滞税を計算する基礎となる本税について一部納付があったときは、その納付の日の翌日以後の期間に対応する延滞税は、一部納付された税額を控除した未納の本税額を基礎として計算される（通則法62①）。

また、納付した金額が本税の額に達するまでは、民法の場合とは異なり、その納付した金額は、まず本税に充て延滞税の負担を軽くして、納税者の利益を図るために、国税の一部納付があった場合には、本税にまず充てられたものとすることとされている（通則法62②）。

なお、この取扱いは、利子税についても準用される（通則法64③）。

3　延滞税の控除期間の特例

前述のように延滞税の税額計算上の始期等は、原則として法定納期限までの期間又は法定納期限の翌日とされている（通則法60②本文）。しかし、それでは、法定申告期限からかなりの期間を過ぎてから修正申告や更正があった場合には多額の延滞税を負担しなければならないことになるし、そもそも修正申告や更正のきっかけとなる税務調査が入るタイミングによって延滞税の負担に大きな差異が生じることになってしまうことは、平等性等の観点からも妥当ではない。

そこで、次のような控除期間の特例が設けられている。すなわち、期限内申告書・期限後申告書の提出（期限内申告は法定申告期限）後１年以上経過して修正申告・更正があった場合には、それらの申告書の提出（期限内申告は法定申告期限）後１年を経過する日の翌日から修正申告書を提出した日・更正通知書を発した日までは、延滞税の計算期間から控除することとされている（通則法61①）（図表２－２）。

■図表２－２　修正申告をした場合の延滞税の割合等

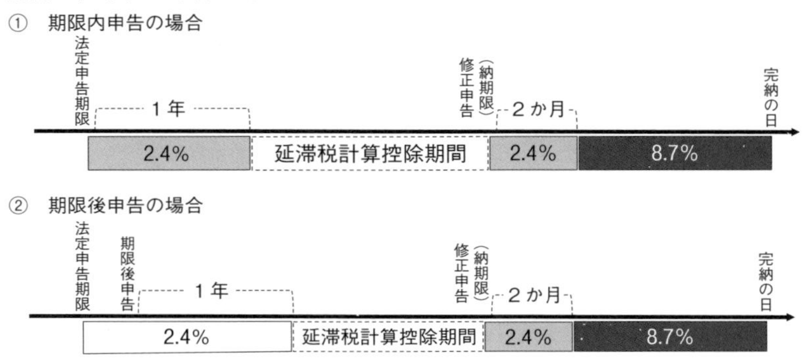

これは、まず、(1)期限内申告の場合は、法定申告期限から１年を経過した日から修正申告をするまでの期間は、延滞税の計算期間から控除される。そのため、法定申告期限から１年経過後は、どのタイミングで自主的に修正申告をしても、また税務調査が入っても、（修正申告書の提出日から２か月以内に完納すれば）延滞税の負担は変わらないことになる。

次に(2)期限後申告の場合は、期限後申告をしてから１年を経過した日から修正申告をするまでの期間は、延滞税の計算期間から控除される。そのため、期限後申告から１年経過後は、やはり、どのタイミングで自主的に修正申告をしても、また税務調査が入っても、（修正申告書の提出日から２か月以内に完納すれば）延滞税の負担は変わらないことになる。

ただし、重加算税が課される場合には、重加算税の対象となった本税についてはこの控除期間の特例は認められない（通則法61①かっこ書、延滞税期間通達）＊8。つまり、重加算税が課されるような場合には、基本的に延滞税の負担も大きくなるということなので、この点は実務上、留意しておくべきである（**Q75**（210頁）参照）。

なお、所得税と個人事業者の消費税については、国税庁のウェブサイトに延滞税の自動計算ができるコーナーがある＊9。

＊8　この控除期間の特例が認められない場合について国税通則法61条１項柱書かっこ書は「偽りその他不正の行為により国税を免れ、又は国税の還付を受けた納税者」と規定し、７年の更正等の除斥期間（通則法70⑤一・二）や罰則（所法238①、法法159①等）と同様の文言が用いられているが、ここで引用した通達では、「重加算税が課されたものである場合」とされている。

＊9　「延滞税の計算方法」（国税庁ウェブサイト）。

Ⅳ 延滞税・利子税の免除

1 延滞税の免除

そもそも延滞税は、納付遅延に対する遅延利息に相当するものなので、本税の納付が猶予されたような場合には、延滞税を課す必要性が乏しいことがある。同様に、納付遅延について納税者にやむを得ない理由がある場合にも、延滞税は免除されるべきである。そこで、このような事情が認められる場合、延滞税が免除される。

(1) 延滞税の免除の２類型

延滞税の免除には、具体的には、①当然免除と②裁量免除という２つの類型がある（Q9(46頁)、Q11(48頁)、Q12(49頁）参照)。

これらの類型による延滞税の免除として、例えば半額免除が認められる趣旨等については、利息としての延滞税を課すものの、制裁としての部分は免除する趣旨であるが、2分の１を超えて免除する類型は、利息を付加することすら酷と考えられる例外的な場合を対象としているとの見解*10がある。

① 当然免除

当然免除とは、法律上の一定の要件に該当する場合に当然に一定の金額が免除される類型である。

当然免除の類型として、具体的には、災害等による納税の猶予等（通則法63①本文)、災害等による納期限の延長（通則法63②)、国税に関する法律の規定による徴収の猶予（通則法63④）がある。ただし、このうち災害等による納税の猶予等（通則法63①本文）については、納

*10 佐藤英明「延滞税・利子税・還付加算金」税務事例研究32号（1996）34頁。

税の猶予の取消し（通則法49①。徴収法152③又は④（換価の猶予に係る分割納付、通知等）において準用する場合を含む）又は滞納処分の停止の取消し（徴収法154①）の規定による取消しの基因となるべき事実が生じた場合には、その生じた日以後の期間に対応する部分の金額については、税務署長等は、その免除をしないことができることとされている（通則法63①ただし書）。

これらの類型は、国税通則法上の「納税の猶予」（通則法46）であるのか、国税徴収法上の措置等であるのかにより、免除の対象となる範囲が規定されている（図表２－３）。

■図表２－３　延滞税の当然免除の類型

免除（軽減）の範囲	措置の内容	免除（軽減）の要件等	根拠規定等
全額免除	納税の猶予	・震災等の災害により損失を受け、納期限未到来の国税について納税の猶予を受けた場合（通則法46①） ・震災、風水害、盗難、病気等により、既に納期限が到来している国税について納税の猶予を受けた場合（通則法46②一・二） ・通則法46②一・二に該当する事実に類する事実（詐欺、横領等により財産を喪失したこと等（通基通（徴）46-12（その他の事実）））があった場合（通則法46②五）	通則法63① 「納税の猶予等の取扱要領の制定について」（事務運営指針）第８章
	その他（徴収法上の措置等）	滞納処分の執行の停止（徴収法153①）	
		災害等による期限の延長（通則法11）	通則法63②
２分の１（半額）	納税の猶予	・事業の休廃止、事業につき著しい損失を受けたことにより、滞納国税について納税の猶予を受けた場合（通則法46②三・四） ・通則法46②三・四に該当する事実に類する事実（破産手続開始の決定があったこと等（通基通（徴）46-12（その他の事実）））があった場合（通則法46②五） ・法定申告期限から１年を経過した日以後に納付すべき税額が確定した場合の当該確定した税額について納税の猶予を受けた場合（通則法46③）	通則法63①、「納税の猶予等の取扱要領の制定について」（事務運営指針）第８章

2分の1 (半額)	その他 (換価の猶予等)	換価の猶予(徴収法151、151の2)	同上
		更正の請求がされた場合(通則法23⑤ただし書)、不服申立てがされた場合(通則法105②)等において、徴収を猶予した場合等	通則法63④

② 裁量免除

裁量免除とは、法律上の一定の要件が存する場合に税務署長等の処分(判断)によって、延滞税を免除することができる類型である。

裁量免除の類型として、具体的には、納税の猶予等があった場合において、所要の調査をして、納税者の事業等の状況によりその延滞税の納付を困難とするやむを得ない理由があると認められるとき等(通則法63③)、差押え財産等の価値についての判定を踏まえ、滞納税額の全額を徴収するために必要な財産の差押えをしたとされる場合等(通則法63⑤)*11、納付委託の規定により取立期日の翌日から納付された日までの期間に対応する延滞税等(通則法63⑥)がある。これらも、当然免除の類型と同様に、「納税の猶予」であるのか等により、免除の対象となる範囲が規定されている(図表2－4)。なお、納税の猶予は、納税者の申請により税務署長が判断するものであるので、納税の猶予が認められない場合(通則法46の2⑩)もあり得る。

■図表2－4　延滞税の裁量免除の類型

免除(軽減)の範囲	措置の内容	免除の事由	根拠規定等
2分の1を限度	差押え等	・滞納国税の全額を徴収するために必要な財産につき差押えをした場合又は納付すべき全額に相当する担保の提供を受けた場合	通則法63⑤

*11　この趣旨については、「差押えがされてそれにより滞納に係る国税の全額を徴収することができる状態にある期間においては、延滞税によって更に納付を間接的に強制する必要性が減少することから、納税者の負担の軽減を図ることにあると解される。」(東京地判平成21年11月13日租税関係行政・民事事件判決集(徴収関係判決)平成21年1月～12月順号21-43)とされている。

納付が困難と認められる金額を限度	その他	・納税の猶予又は換価の猶予がされた場合において、通則法63①によっても免除されない延滞税について、①納税者の財産の状況が著しく不良で、納期等が到来した公課等を免除等しなければ、その事業の継続等が著しく困難になると認められる場合において、公課等が免除等されたとき（通基通（徴）63-3（財産の状況が著しく不良）等）、②納税者の事業又は生活の状況により延滞税の納付を困難とするやむを得ない理由（通基通（徴）63-4（延滞税の納付を困難とするやむを得ない理由））があると認められるときのいずれかに該当するとき	通則法63③、「納税の猶予等の取扱要領の制定について」（事務運営指針）第８章
一定の期間に対応する部分の金額を限度	その他	・納付委託の場合（通則法55）、通則法63①・②が適用されない震災・風水害等、人為による異常な災害（通基通（徴）63-14（人為による異常な災害又は事故））等により納付することができない事由が生じた場合等	通則法63⑥、通則令26の２

(2)　個別税法による延滞税の免除

これまでみたのは国税通則法63条に基づくものだが、それらの事由以外に、個別税法には主に次のような延滞税の免除が定められている。

〈個別税法上の延滞税の免除〉

(1)　還付加算金の不加算充当に対応する免除（所法138④、139④、法法78③、79④、消法52③、53④等）

(2)　移転価格課税に係る免除（措法66の４㉛等）

(3)　移転価格税制に係る納税の猶予に係る免除（措法66の４の２⑦）

(4)　非上場株式等についての相続税・贈与税の納税の猶予に係る免除（措法70の７の２⑳等）

(5)　会社更生法による免除（会社更生法169①）

⑶　通達の定め―誤指導等による免除

この免除制度は、基本的に納税の猶予や滞納処分の執行停止等が前提とされているため、その解釈・適用上、ほとんど問題となることはない。

ただし、「その他の人為による異常な災害又は事故」（通則令26の２三）の該当性の解釈については、例外的に問題となり得る（品川・通則法246頁参照）。これについて、「人為による異常な災害又は事故による延滞税の免除について（法令解釈通達）」（平成13年６月22日徴管２－35ほか）では、「税務職員の誤った申告指導（納税者が信頼したものに限る。）その他の申告又は納付について生じた人為による障害」についても、「その他の人為による異常な災害又は事故」に該当するものとして、次のように取り扱うこととしている。なお、人為による納税の障害により申告をすることができなかった国税の額は、その額が同時に納付すべき税額の一部であるときは、その納付すべき税額のうち、その税額の計算の基礎となる事実で人為による納税の障害に係るもののみに基づいて期限後申告、修正申告等があったものとした場合におけるこれらの申告等により納付すべき税額となる（同通達柱書（注））。

〈人為による異常な災害又は事故により延滞税の免除を行う場合（要約）〉

１　誤指導

⑴　要　　件

次のいずれにも該当すること。

イ　税務職員が納税者（源泉徴収義務者を含む）から十分な資料の提出があったにもかかわらず、申告等に関する税法の解釈又は取扱いについての誤った指導（以下「誤指導」という）を行い、かつ、納税者がその誤指導を信頼したことにより、納付すべき税額の全部又は一部につき申告・納付することができなかったこと。

（注）　納税者の誤った法解釈に基づいてされた申告等につき、事後の税務調査の際、その誤りを指摘しなかったというだけでは、誤指導には当たらない。

ロ　納税者がその誤指導を信じたことにつき、納税者の責めに帰すべき事由がないこと。

なお、この事由の認定に当たっては、指導時の状況、誤指導の内容及びその程度、納税者の税知識の程度等を総合して判断することに留意すること。

(2)　免除期間

その誤指導をした日（その日が法定納期限以前のときは法定納期限の翌日）から、納税者が誤指導であることを知った日（そのことを郵便により通知したときは、通常送達されると認められる日）以後７日を経過した日までの期間

２　申告書提出後における法令解釈の明確化等

(1)　要　　件

次のいずれにも該当すること。

イ　税法の解釈に関し、申告書提出後に法令解釈が明確化されたことにより、その法令解釈と納税者（源泉徴収義務者を除く）の解釈とが異なることとなった場合、又は給与等の支払後取扱いが公表されたためその公表された取扱いと源泉徴収義務者の解釈とが異なることとなった場合において、その法令解釈等によりすでに申告又は納付された税額に追加して納付することとなったこと。

（注）　税法の不知・誤解又は事実誤認に基づくものはこれに当たらない。

ロ　その納税義務者の解釈について相当の理由があると認められること。

(2)　免除期間

その法定納期限の翌日からその法令解釈又は取扱いについて納税者が知り得ることとなった日以後７日を経過した日までの期間

3　申告期限時における課税標準等の計算不能

⑴　要　　件

すでに権利は発生しているが、具体的金額が確定しない課税標準等があることにより、納付すべき税額の全部又は一部につき申告・納付することができなかったこと。

⑵　免除期間

その法定納期限の翌日から具体的金額が確定した日以後７日を経過した日までの期間

4　振替納付に係る納付書の送付漏れ等

⑴　要　　件

納税者から口座振替納付に係る納付書の送付依頼がされている国税について、その国税に係る納付書を指定の金融機関へ送付しなかったこと、その納付書を過少又は過大に誤記したこと（このため預金不足を生じ振替不能となったものに限る）により、納付すべき税額の全部又は一部につき納付することができなかったこと。

⑵　免除期間

その振替納付に係る納期限（延納期限を含む）の翌日から納税者がその振替納付がされなかったこと、又は過少にされたことを知った日以後７日を経過した日までの期間

5　その他類似事由

⑴　要　　件

次のいずれにも該当すること。

イ　上記１から４までに掲げる場合のほか、これらに類する人為による納税の障害により納付すべき税額の全部又は一部につき申告又は納付することができなかったこと。

ロ　その人為による納税の障害が生じたことにつき納税者の責めに帰すべき事由がないこと。

⑵　免除期間

その人為による納税の障害の生じた日（その日が法定納期限以前の

ときは法定納期限の翌日）から納税者がその人為による納税の障害の消滅を知った日以後７日を経過した日までの期間

2 利子税の免除

利子税についても、延滞税と同様に、当然免除の類型として、災害等による納期限の延長をした場合、その延長をした期間に対応する部分の利子税が免除される（通則法64③、63②）。

また、裁量免除の類型として、国税通則法63条６項に規定される延滞税の免除事由に該当する場合（例えば、国税の納付の再委託を受けた金融機関が有価証券の取立てをする場合）、延滞税の免除に準じて、利子税が免除される（通則法64③、63⑥）。

なお、利子税の免除に関しては、延滞税の免除のような法令解釈通達は公表されていない。もっとも、損金（必要経費）の対象となる利子税の損金（必要経費）の算入時期については次の通達がある。すなわち、まず法人税の損金算入時期に関しては、「納付の日の属する事業年度とする。ただし、法人が当該事業年度の期間に係る未納の金額を損金経理により未払金に計上したときの当該金額については、当該損金経理をした事業年度とする。」（法基通９－５－１⑷）とされている。また、所得税の必要経費算入時期に関しては、「納付の日の属する年分の必要経費に算入する。ただし、その年12月31日までの期間に対応する税額を未払金に計上した場合には、当該金額をその年分の必要経費に算入することができる。」（所基通37－６⑸）とされている。

応用編

延滞税・利子税の共通項目

1　還付された延滞税の収入（益金）該当性

Q6　納付した延滞税が還付された場合、当該延滞税は、所得税や法人税の計算上の取扱いはどうなるのでしょうか。

A　延滞税は、事業所得等の計算上の必要経費、あるいは法人税額の計算上の損金に算入されないので（所法37、45①二・三、法法22③、55④一）、延滞税の基礎となる課税処分が取消訴訟等により取り消され、還付された場合、当該延滞税は、収入あるいは益金に算入されない（**第２章理論編Ⅰ** 1 ⑵・22頁参照）。

2　法定納期限の具体的な意味等

Q7　延滞税や利子税の納付に大きく関係する「法定納期限」とは、具体的にいつのことでしょうか。

A「法定納期限」とは、「国税に関する法律の規定により国税を納付すべき期限」（通則法２八）とされており、各税目の具体的な法定納期限については、所得税法等の各税法により規定されている（**第２章理論編Ⅰ** 2 ⑴・23頁参照）。

例えば、所得税の法定納期限は、「第３期」、つまり、法定申告期限と同様、原則、３月15日とされている（所法128、120①）。

なお、修正申告書の提出により納付すべき税額が増額する等の場合、増額する部分等については、修正申告書を提出した日に納付しなければならない（通則法35②）とされているが、国税通則法35条２項により納付すべき国税の法定納期限は、当該国税の期限内申告書の提出に係る納付すべき期限（通則法２八イ、35①）とされている。

具体的には、仮に、令和６年12月10日、令和４年分の所得税に係る修正申告書を提出し、不足額を納付（完納）した場合、当該所得税に係る修正申告書の法定納期限は、令和６年12月10日ではなく、期限内申告の法定納期限である令和５年３月15日となる。また、このような場合、当該修正申告に係る延滞税の計算の始期は、法定納期限（令和５年３月15日）の翌日からとなる（通則法60②）。

■図表２－５　延滞税の計算期間

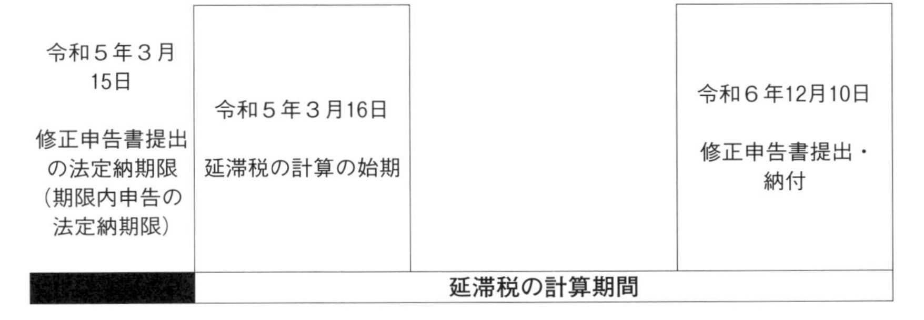

なお、限定承認に係る所得税の法定納期限については、「所得税法59条１項に規定するみなし譲渡所得に対する所得税の法定納期限は、同法125条及び129条に基づき、相続人がその相続の開始を知った日の翌日から４月を経過した日の前日であると解するのが相当である。」（東京高判平成15年３月10日訟月50巻８号2474頁）とされている。

また、相続税の法定申告期限については、相続の開始があったことを知った日の翌日から10か月以内に所定の事項を記載した申告書を提出しなければならないこと（相法27①）とされ、法定納期限は、当該申告書の提出期限までに、相続税を納付しなければならない（相法33）とされているが、相続等について訴訟で争われている場合の法定申告期限の起算日について特段の定めをおいていないことや相続税法31条（修正申告の特則）や32条（更正の請求の特則）に基づく更正の請求や修正申告が可能であること等から、死因贈与の有無等、財産の取得について係争中であるからといって、法定申告期限の起算日が左右されるということはできないこと、つまり、延滞税の計算の基礎となる法定納期限の起算日は左右されないこととされている（大阪高判平成18年10月18日税資256号順号10531）。

ただ、相続税法51条２項（延滞税の特則）に該当する場合、例えば、相続又は遺贈により財産を取得した者が、相続税法32条１項１号から６号に規定する事由（例えば、「遺贈に係る遺言書が発見」（相法32①四））が生じたことによる修正申告書を提出したことにより納付すべき相続税額については、法定納期限から当該修正申告書の提出があった日までの期間を延滞税の計算の基礎となる期間に算入しないと定められている。

3 修正申告のタイミングと延滞税の計算との関係

Q8 修正申告をする場合、その修正申告により生ずる税額はいつまでに納めればよいのでしょうか。また、そのタイミングによって、延滞税の計算にどのような影響がありますか。

A Q7で回答したように、修正申告書の提出により納付すべき税額が増額する等の場合、その増額する部分等に係る納期限は、その修正申告書を提出した日である（通則法35②）。そのような場合の納付すべき国税の「法定納期限」は、当該国税の期限内申告書の提出に係る納付すべき期限とされているので（通則法２八イ、35①）、当該修正申告に係る延滞税の計算の始期は、その「法定納期限」の翌日からとなる（通則法60②。この場合の延滞税の計算例は、**Q7**に掲げた図表２－５参照）。

もっとも、実際には多くの場合（重加算税が課されるような場合を除く）、延滞税の控除期間の特例（通則法61①）が適用されることになる。この特例が適用されると、期限内申告書・期限後申告書の提出（期限内申告は法定申告期限）後１年以上経過して修正申告・更正があった場合には、申告書の提出（期限内申告は法定申告期限）後１年を経過する日の翌日から修正申告書を提出した日・更正通知書を発した日までは、延滞税の計算期間から控除されることになる（図表２－２（再掲））（**第２章理論編Ⅲ③**・32頁参照）。

■図表２－２（再掲）　修正申告をした場合の延滞税の割合等

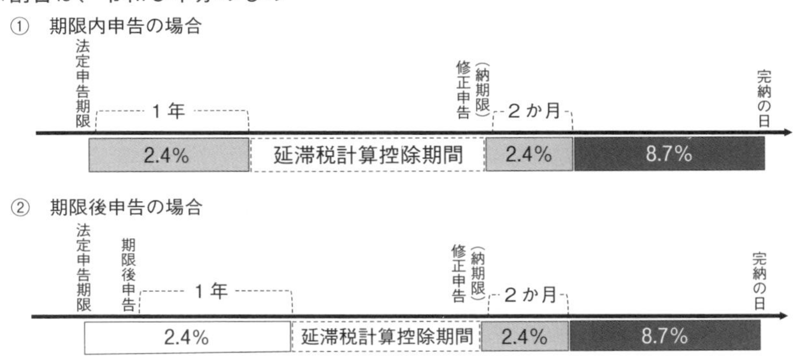

この場合、修正申告の「納期限」である「修正申告書を提出した日」の翌日から２か月を経過して当該修正申告に係る増差税額を納付することになると、延滞税の計算で高い割合（令和６年分は8.7%）が適用されることになるので、要注意である。

4　延滞税の免除と加算税の「正当な理由」との関係

Q9　延滞税の免除について、加算税で規定されている「正当な理由」があれば免除されるのでしょうか。また、どのように免除が決定されるのでしょうか、例えば、税務署長の裁量で免除が決定されるのでしょうか。

A　加算税とは異なり、延滞税には「正当な理由」(通則法65⑤等)による免除（軽減）に係る規定は設けられていない。ただ、延滞税の免除については、当然免除と裁量免除の２つの類型が規定されている(**第２章理論編Ⅳ1**（1）・34頁参照)。

まず、当然免除とは、具体的には、災害により納期限前の国税の納税の猶予（通則法46①）といった一定の措置が行われた場合、税務署長は延滞税の全部又は２分の１に相当する金額を免除することが規定されている（通則法63①等)。

次に、裁量免除とは、納税の猶予等のあった場合で延滞税の納付を困難とするやむを得ない理由があると認められるとき等、「免除できる」とされている規定に基づく免除である（通則法63③等)。したがって、この裁量免除は、上述の当然免除とは異なり、課税庁が所要の調査等をして、客観的に免除事由があると認めたときにその限度で行われるものである（精解765頁）*12。

また、利子税についても、延滞税と同様、当然免除の類型として、災害等による納期限の延長をした場合、その延長をした期間に対応する部分の金額は免除すること（通則法64③、63②、11)、裁量免除の類型として、例えば、国税の納付の再委託を受けた金融機関が有価証券の取立てをすべき日の翌日から起算して現実に納付した日までの期

*12　当該免除について、大阪地判昭和59年４月25日行集35巻４号532頁は、税務署長の自由裁量であると判示している。

間等の利子税が免除される場合があることが規定されている（通則法64③、63⑥一等）。

さらに、延滞税の免除等に関して、国税通則法以外に、例えば、移転価格税制における相互協議の合意に係る免除（措法66の４㉛）、租税条約の規定に基づく相互協議の申立てによる納税の猶予に係る免除（措法66の４の２⑦）、非上場株式等についての相続税・贈与税の納税猶予に係る免除（措法70の７⑲）、あるいは、会社更生法169条に基づく免除が規定されている。

なお、確定申告書の記載等の誤りに関して、課税庁の指摘が遅れ、延滞税の負担が増加した場合であっても、確定申告の計算は、納税者の責任によることから、延滞税の免除（軽減）は認められないとされている（平成14年７月16日裁決裁事64集）。

5　延滞税等の納付と延滞税等に係る争訟との関係

Q10　延滞税や加算税を納付することは、取消しを求めている更正に伴って成立・確定した延滞税や賦課された加算税（加算税賦課決定）を認めることを意味するのでしょうか。

A　延滞税や加算税を納付した場合であっても、不服申立手続等の争訟手続を通じて、更正や加算税賦課決定を争うことはできる。仮に、争訟手続において、当該更正や当該加算税賦課決定が取り消された場合、納付した延滞税や加算税は返還（還付）されることとなる（**第７章理論編Ⅱ2**・219頁参照）。

また、更正等により生じる増差本税や延滞税等の附帯税を納付（完納）することにより、①新たに生じる延滞税の負担を避けることができること、②仮に、不服申立手続を行っていた場合であっても、原則、差押え等の滞納処分は続行するため、延滞税等を納付することにより、滞納処分が行われることを防止できること（参考：通則法37、105①

本文等。なお、滞納処分により差し押さえた財産は、不服申立てについての決定又は裁決があるまで、原則として換価することができない（通則法105①ただし書））から、争訟手続の結果が明らかになる前であっても、増差税額や延滞税等を完納しておくことは合理的な選択ではないかと思われる。

6 延滞税の免除と加算税の免除との関係

Q11 加算税の賦課決定が課されない場合や取り消された場合（例えば、「正当な理由」（通則法65⑤）があると認められると判断された場合等）、延滞税も当然に免除されるのでしょうか。

A 延滞税も免除される可能性が高いと考えられる。ただ、条文上、延滞税の免除要件（通則法63等）と加算税の免除要件（通則法65⑤等）とは異なることから、争訟手続等において、加算税に係る「正当な理由」（通則法65⑤等）があると認められた場合であっても延滞税の負担（納付義務）が常に免除されるとは限らない。延滞税と加算税の免除事由の相違点等については、図表２－６に掲げる三つの類型があるものと考えられる（**第３章理論編Ⅳ1・69頁参照**）。

■図表２－６　延滞税と加算税の免除事由の相違点等

	延滞税の免除該当性（事由）	加算税の免除該当性（事由）	附帯税（加算税・延滞税）の取扱い
類型１	免除事由に該当（天災・誤指導）	正当な理由に該当（天災・誤指導）	○（加算税及び延滞税の両方が免除）
類型２	免除事由に該当性せず（無集配局から申告書の発送等）	正当な理由に該当（無集配局から申告書の発送等）	△（加算税のみ免除）
類型３	免除事由に該当（滞納処分の執行の停止等）	正当な理由に該当せず（滞納処分の執行の停止等）	△（延滞税のみ免除）

例えば、東京地判平成21年5月21日税資259号順号11204では、「本税の更正処分が適法であった場合に、過少な申告がされたことによる制裁として、別途に賦課決定処分をして過少申告加算税を賦課することは酷である場合があり得るとしても、本来納付すべき本税の全額を納付しなかった納税者に対し、過少申告加算税を賦課しないことに加えて、さらに、更正処分がされたことを前提として当然に発生する遅延利息としての性質を有する延滞税についてまで免除をするか否かについては、別途の検討・考慮を要するものというべきである。」として、加算税の免除と延滞税の免除は別々に判断されるとされている。

また、「正当な理由」（通則法66①柱書ただし書）があるか否かは、延滞税の納付義務の成否を左右するものではないとされている（東京高判令和4年11月30日税資272号順号13779）。

7 延滞税の免除通知等の免除手続

Q12 延滞税が免除された場合、納税者に通知されるのでしょうか。

A 国税通則法上、加算税の場合と異なり、延滞税の通知に係る明文上の規定は設けられていない。ただ、具体的な通知等については、以下のような取扱いがされている。

(1) 当然免除の場合

例えば、法律上、当然に免除される場合（通則法63①・②・④）については、猶予等の処分により、付随して法律上当然に効果が生じることから、猶予等の通知のほかに免除に係る通知は必要ないとされている（精解773頁）。

なお、延滞税の免除に該当すると考えられる場合、所轄税務署等にその旨を伝えて、その部分に係る延滞税の免除を促すべきである（**第7章理論編Ⅱ1**・219頁参照）。

⑵　裁量免除の場合

他方、免除事由に該当するかどうかを税務署長が判断する場合（通則法63③・⑤・⑥）については、納税者からの申請は必要ないが、納税者が免除の要件事実を知り得る場合（納付委託（通則法63⑥一・二）、交付要求（通則令26の２一）、換価執行決定（通則令26の２二））を除き、免除の旨を納税者に通知するものとされている（精解773頁）。

ただ、課税庁において、延滞税の免除等の通知に係る具体的な手続等として、①免除に係る国税の年度、税目、納期限、金額及び免除期間等を記載した延滞税免除通知書により納税者に通知するものとすること、②国税通則法63条１項ただし書の規定により免除しない場合は、その旨を必ず記載すること、③国税通則法63条１項ただし書の規定により免除しない場合の通知書には、行政不服審査法82条１項（不服申立てをすべき行政庁等の教示）の規定による教示及び行政手続法14条１項（不利益の処分の理由の提示）の規定による理由付記を要することが定められている（徴徴５－10ほか「納税の猶予等の取扱要領の制定について」（事務運営指針）平成27年３月２日（改正令和４年６月24日・令和５年12月15日）78「免除の手続」）。

また、国税通則法63条５項の規定による延滞税を免除する場合、延滞税免除通知書により納税者に通知するものとされている（別冊「国税通則法第63条第５項の規定による延滞税の免除の取扱要領」（６免除の手続等）（徴徴３－２ほか「国税通則法第63条第５項の規定による延滞税の免除の取扱いについて」（法令解釈通達）平成12年10月30日））。

8　延滞税（利子税）の消滅時効

Q13　延滞税（利子税）の消滅時効（消滅時効の起算点）はどの時点でしょうか。

A 延滞税及び利子税は、本税に従属するものであることから、本税が消滅したときには同時に消滅すると考えられること、延滞税及び利子税の法定納期限が「納付基因となる国税を納付すべき期限」（通則法２八ニ）とされていることから、延滞税及び利子税の消滅時効の起算点は、本税の消滅時効の起算点（通則法72）と同様、法定納期限であると考えられる（精解934頁、今村・課税訴訟371頁）。

また、本税の時効が中断した場合、延滞税及び利子税の時効についても中断することとされている（通則法73⑤）。

なお、利子税の消滅時効については、延納又は猶予がされている期間内は、進行しないとされている（通則法73④）。

第3章
過少申告加算税

理論編

本章では、期限内申告の場合等において、修正申告書の提出又は更正があったときに課される「過少申告加算税」について詳しく解説しよう。

Ⅰ 過少申告加算税の課税要件

過少申告加算税は、次の２つのときに課される（通則法65①）。

〈過少申告加算税の課税要件〉

① 期限内申告書（還付請求申告書を含む）が提出された場合において、修正申告書の提出又は更正があったとき。

② 期限後申告書が提出された場合（期限内申告書の提出がなかったことについて正当な理由があるとき、又は法定申告期限内に申告する意思があったと認められるときに限る）において、修正申告書の提出又は更正があったとき。

Ⅱ 過少申告加算税の割合

過少申告加算税の増差本税に対する通常の割合は、10%である（通則法65①）。

ただし、期限内申告税額相当額又は50万円のいずれか多い金額を超える部分がある場合には、その超える部分は５％加重されて15%となる（通則法65②）。このような加重割合が設けられている趣旨は、無申告加算税の通常の課税割合が15%とされているのに比べて過少申告加算税の割合は５％低く設定されていることから、ほんの一部のみを期限内に申告する場合など、ほとんど無申告と変わらないような場合に生じてしまう割合の較差をなくすためである（精解798～799頁）。

Ⅲ 帳簿の提出がない場合等の加重措置

また、令和４年度税制改正において、帳簿の提出がない場合等の過少申告加算税及び無申告加算税の加重措置（以下、Ⅲにおいて「本加重措置」という）が講じられている。本加重措置は令和６年以後に法定申告期限等が到来する国税について適用されている。

1 本加重措置の検討経緯と趣旨

本加重措置が創設されるきっかけとなったのは、政府税制調査会の下に外部有識者も交えて設置された「納税環境整備に関する専門家会合」における議論である。この議論の結果報告において、帳簿不保存・記帳不備への対応について、次のように今後の議論の方向性が示されている[*13]。

> 〈帳簿不保存・記帳不備への対応〉
> 適正な記帳や帳簿保存が行われていない納税者については、真実の所得把握に係る執行コストが多大で、ペナルティ適用上の立証も困難。また、記帳義務不履行に対する不利益がない中で、記帳の動機に乏しい場合も存在。
> 記帳義務及び申告義務を適正に履行する納税者との公平性に鑑み、

＊13　岡村忠生「納税環境整備に関する専門家会合の議論の報告」（令和３年11月19日税制調査会資料）38頁。

帳簿の不保存・不提示や記帳不備に対して適正化を促す措置の検討を行う。

本加重措置は、「こうした政府税制調査会における議論を通じた指摘や記帳の状況などに関する税務執行上の課題を踏まえ、記帳水準の向上に資する観点から、記帳義務を適正に履行しない納税者に課される過少申告加算税及び無申告加算税の加重措置を整備することとされ」たというわけである（令４改正解説758頁）。

なお、令和４年度税制改正では、納税環境整備の一環である記帳義務を適正に履行しない納税者等への対応として、本加重措置と併せて、証拠書類のない簿外経費についての必要経費・損金の不算入措置（所法45③[*14]、法法55③[*15]）も創設されている（Q73（208頁）参照）。

2　本加重措置の内容

本加重措置では、納税者が、一定の帳簿（その電磁的記録を含む）に記載すべき事項等に関しその修正申告書の提出もしくは更正（以下、本章において「修正申告等」という）又は期限後申告書・修正申告書の提出もしくは更正・決定（以下、本章において「期限後申告等」という）があった時より前に、税務署等の調査担当職員からその帳簿の提示・提出を求められ、かつ、次に掲げる場合のいずれかに該当するとき（その納税義務者の責めに帰すべき事由がない場合を除く）の過少申告加算税の額又は無申告加算税の額は、通常課される過少申告加算税の額又は無申告加算税の額にその修正申告等又は期限後申告等に係る納付すべき税額（その帳簿に記載すべき事項等に係るもの以外の事実に基づく税額を控除した税額に限る）の10%（次の②に掲げる場

＊14　令和５年分以後の所得税について適用。
＊15　法人の令和５年１月１日以後に開始する事業年度の所得に対する法人税について適用。

合に該当する場合には、５％）に相当する金額を加算した金額とすることとされている（通則法65④、66⑤、通則規11の２②）（図表３－１）（**Q35**～**Q39**（113～117頁）参照）。

〈本加重措置の適用要件〉

① 調査担当職員にその帳簿の提示・提出をしなかった場合又は調査担当職員にその提示・提出がされたその帳簿に記載すべき事項等のうち、売上げ（業務に係る収入を含む。Ⅲにおいて以下同じ）の記載等が著しく不十分である場合として一定の場合

② 調査担当職員にその提示・提出がされたその帳簿に記載すべき事項等のうち、売上げの記載等が不十分である場合として一定の場合（①の場合を除く）

■図表３－１　本加重措置の適用対象範囲のイメージ

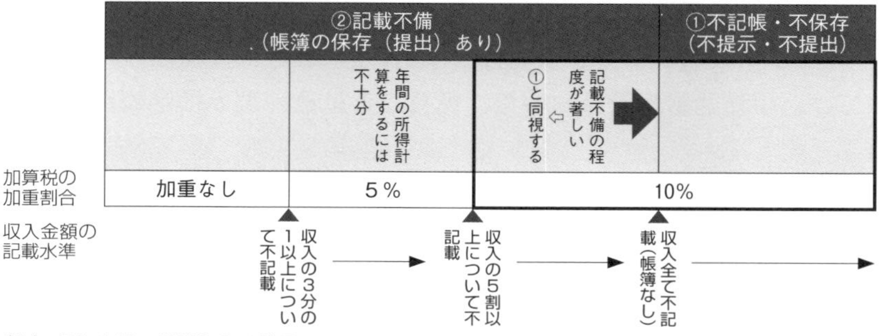

（注）収入金額は営業収入を使用。

（出典）財務省作成資料

なお、税務調査を受けていない状況において自発的に過少申告や無申告の事実に気が付いて修正申告書や期限後申告書を提出した場合には、その修正申告書や期限後申告書を提出した時までに税務調査において税務職員から帳簿の提示等を求められている状況にはないので、本加重措置の適用はない。

また、本加重措置は、過少申告加算税及び無申告加算税を対象としたものであり、重加算税や不納付加算税については対象とされていない。したがって、過少申告加算税又は無申告加算税が加重されるべき状況であっても、それに代えて重加算税が課される部分についての重加算税の割合は本措置に基づいて加重されない（国税庁「帳簿の提出がない場合等の加算税の加重措置に関するＱ＆Ａ」（令和４年10月28日）（以下、本章において「Ｑ＆Ａ」という）３）。

本加重措置は、令和６年１月１日以後に法定申告期限等が到来する国税について適用されている。そのため、通常は、所得税については令和５年分から、法人税については10月決算法人の場合には令和５年10月決算期分から、それぞれ適用される場面が生じ得ていることになる。なお、申告期限のない還付申告については、令和６年１月１日以後に還付申告をした場合について適用されている（Ｑ＆Ａ２）。

3 「売上げ」の範囲

「売上げ（業務に係る収入を含む。）」（通則規11の２②）の範囲については、事務運営指針において、税目ごとに次のように定められている。

〈「売上げ」の範囲〉

① **申告所得税**（過少加算税指針（所）第１の２(5)）

「商品製品等の売上高」、「役務提供に係る売上高」、「農産物の売上高（年末において有する農産物の収穫した時の価額を含む。）」、「賃貸料」又は「山林の伐採又は譲渡による売上高」をいい、家事消費高及びその他の収入（いわゆる雑収入）は含まれない。

② **法人税**（過少加算税指針（法）第１の２(4)）

一般的に売上高、売上収入、営業収入等として計上される営業活動から生ずる収益をいい、いわゆる営業外収益や特別利益は含まれない。

③　**消費税**（加算税指針（消）第2のⅡの2⑷）

その資産の譲渡等の対価が次に掲げる事業者の区分に応じ次に定めるもの（特定資産の譲渡等に該当するものを除く）に該当するか否かにより判定する。

イ　個人事業者　商品製品等の売上高、役務提供に係る売上高、賃貸料又は山林の伐採もしくは譲渡による売上高

ロ　法人　一般的に売上高、売上収入、営業収入等として計上される営業活動から生ずる収益

ただし、国内において事業者が行った資産の譲渡等の対価に該当しないものは、消費税に係る特定事項に該当しないことに留意する。

なお、消費税については、その課税標準となる資産の譲渡等の対価が、上記①の所得税又は②の法人税の「売上げ」に該当するものであるかどうかで判断されることになる（Q＆A6）。この消費税に関する「売上げ」の金額は、課税売上げと必ずしも一致しない（Q＆A6（注1））。また、所得税法上又は法人税法上の帳簿の備付け・保存義務がなく、消費税法上の帳簿の備付け・保存義務がある場合（雑所得を生ずべき業務を行う一定の事業者が課税事業者選択届出書を提出した場合や公共法人が消費税の課税事業者に該当する場合など）には、消費税の課税標準となる資産の譲渡等の対価が、上記①の所得税又は②の法人税の「売上げ」に該当するものであるかどうかで判断されることになる（Q＆A6（注2））。さらに、消費税の「売上げ」には、不課税取引（国内において事業者が行った資産の譲渡等に該当しないもの）に係るものは含まれない。そのため、国外取引に該当する営業収入については、所得税・法人税の本加重措置については「売上げ」に該当することになるが、消費税の本加重措置については「売上げ」に該当しないことになる（Q＆A7）。

4　記載等が「不十分である場合」の判断基準

以上のように、本加重措置においては、売上げの記載等が、①著しく不十分である場合として一定の場合には10％加重され、②不十分である場合として一定の場合には５％加重されるということである。そして、この①に加えて、そもそも帳簿の提示・提出をしなかった場合についても、10％加重されることとなる。

(1)　著しく不十分である場合として一定の場合（10％加重）

10％加重されることとなる要件中の「著しく不十分である場合」（下線著者）とは、具体的には、売上げの金額の記載等が、帳簿に記載等すべき売上げの金額の２分の１に満たない場合をいう（通則法65④、66⑤、通則規11の２③・⑤）。これは、その売上げの過半が記帳されておらず、その悪質性の高さから、納税義務者が帳簿の提示・提出をしなかった場合（作成・保存をしなかった場合）と同視し得る程度の悪質性を有する「記載等が著しく不十分である場合」として、一段高い加重措置を適用することとされたものである（令４改正解説763頁）（Q36～Q38（114～116頁）参照）。

(2)　帳簿の提示・提出をしなかった場合（10％加重）

また、そもそも帳簿の提示・提出をしなかった場合についても10％加重されることに関して、帳簿は納税地において保存する必要があることから、税務職員から帳簿の提示等を求められた場合に遅滞なく（すなわち正当な理由又は合理的な理由がない限り速やかに）提示等をしなかった場合には加算税が加重されることとなる（以下、本段落につきＱ＆Ａ12）。税務調査においては、事前に調査の対象となる帳簿について通知されていることから（通則法74の９①六）、調査を開始する日時までに帳簿を遅滞なく提示等ができるように準備してあれば、「売上げに関する調査に必要な帳簿」の提示等をしなかった場合に該当せず、加算税が加重されることはない。また、事前の通知を行うことなく実地の調査を実施する場合であっても、臨場後速やかに調査の対象となる帳簿等を説明することとされており、そもそも帳簿は納税地において保存する必要があることから、税務職員から説明を受けた後、保存している帳簿について遅滞なく提示等がされないときは加算税が加重されるとされている（**Q36**〜**Q38**（114〜116頁）参照）。

(3) 不十分である場合として一定の場合（5％加重）

一方、②の５％加重されることとなる要件中の「不十分である場合」とは、売上げの金額の記載等が、帳簿に記載等すべき売上げの金額の３分の２に満たない場合をいう（通則法65④、66⑤、通則規11の２④・⑥）。これは、納税義務者の意図しない記帳漏れや記帳誤りとはいい難い一定の悪質性が観念される水準として「帳簿に記載等すべき売上げの金額の３分の２に満たない場合」を本加重措置の適用対象となる「記載等が不十分である場合」とされたものである（令４改正解説763頁）。

(4) 不十分であるかどうかの判定

本加重措置の適用に当たって、修正申告等の基因となる事項に係る年分の帳簿に記載等すべき売上金額（対象年分の帳簿に記載されていない、又は記録されていないものに限る）であって次に掲げる売上金額があるときは、当該金額は対象年分の帳簿に記載等された売上金額と取り扱って差し支えないとされている（過少加算税指針（所）第１の２(6)、過少加算税指針（法）第１の２(5)、加算税指針（消）第２のⅡの２(5)）。

〈帳簿に記載等されたと取り扱われる売上金額〉

① 対象年分の帳簿の提示又は提出を求められた際に納税者が遅滞なく提示・提出した対象年分以外の年分の帳簿に記載等された売上金額

② 納税者の通常の業務処理手順及び対象年分以前の帳簿の記載等の状況等からみて、帳簿の提示・提出を求められた日の属する年分の帳簿に確実に記載等されると認められる売上金額（①に掲げる売上金額を除く）

また、帳簿への売上金額の記載等が不十分であるかどうかの判定において、納税者が、帳簿に記載等をすべき売上金額について、その総額の２分の１以上の金額を申告し、かつ、当該申告された金額の根拠について取引関係書類等を用いて明らかとした場合には、今後適正な帳簿の備付け及び保存を行う旨の申出等があるときに限り、本加重制度の円滑な運用を図る観点からの当面の配慮として、当該申告された売上金額は、帳簿に記載等がされた売上金額と取り扱うこととされている（過少加算税指針（所）第１の２(6)（注）、加算税指針（消）第２のⅡの２(5)（注））。そのため、申告書に記載された収入金額よりも帳簿に記載された売上げの金額が少なかったとしても、例えば、申告書に記載された収入金額のうち、その売上金額を計算する際の根拠となった領収書・請求書の控え（写し）や取引先に確認した資料などによって、申告された売上金額の根拠を具体的に説明することができれば、その申告された売上金額に応じて、本加重措置の適用が判断される（Ｑ＆Ａ16）。

さらに、税務調査の結果、売上げの一部について、期ずれが判明した場合については、次のいずれかに当てはまるときには、本加重措置において帳簿への記載等が不十分であるか否かの判定に当たっては、本来記載等をすべき年分の帳簿に記載等がされているものとして取り扱うこととされている（Ｑ＆Ａ17）。

〈期ずれで「不十分」とは取り扱われない場合〉

① 本来記載等をすべき年分以外の年分の帳簿に記載等がされていた

場合

（例）　本来は令和５年分の帳簿に記載等をすべき売上げについて、令和６年分の帳簿に記載等がされていることが税務調査において確認された場合は、当該売上げについて、本来記載等をすべき年分（令和５年分）の帳簿に記載等がされているものとして取り扱われる。

②　通常の業務処理手順などから帳簿の提示等を求められた日の属する進行年分の帳簿に確実に記載等がされると認められる場合

（例）　例年取引のある売上げについて、本来は毎年12月分の売上げとして帳簿に記載等をすべきであるにもかかわらず、実際に代金が入金される半年後（翌年６月分）の売上げとして帳簿に記載等をする経理処理がされていることが、令和７年４月に提示等を求めた令和６年分の帳簿を検査した結果、判明した。この時点では、本来は令和６年12月分として記載等をすべき売上げについて記載等がされている令和７年分の帳簿が存在しておらず、厳密にはいわゆる期ずれと呼ばれる状態にはなっていないが、その前年までの経理処理の状況を踏まえれば、進行年分である令和７年分の帳簿に（令和７年６月分の売上げとして）確実に記載等がされていたであろうことが税務調査において確認された場合は、当該売上げについて、本来記載等をすべき年分（令和６年分）の帳簿に記載等がされているものとして取り扱われる。

なお、ある売上げについて、消費税の課否判定を誤っていたとしても、その売上金額自体について帳簿に記載等がされていれば、本加重措置において帳簿への記載等が不十分であるものとして取り扱われることはない（Q＆A18）。

5 適用除外事例等

また、以上の「記載等が（著しく）不十分である場合」の要件を満たす場合であっても、「納税者の責めに帰すべき事由がない場合」に該当すれば、本加重措置の適用はない（通則法65④柱書かっこ書、66⑤柱書かっこ書）。これについての具体例としては、災害があったこと又は病気による入院をしたことなどのやむを得ない事情により、帳簿の提示・提出をすることができない場合や記載等が不十分な場合などが該当するものと考えられている（令４改正解説763～764頁、過少加算税指針（所）第１の２(2)、過少加算税指針（法）第１の２(2)、加算税指針（消）第２のⅡの２(2)）。

さらに、令和４年度税制改正の大綱では、「記載等が（著しく）不十分である場合」であっても、「これらの金額が記載されていないことにつきやむを得ない事情があると認める場合には、運用上、適切に配慮することとする。」[*16]と記述されていた。これについて、運用上、取扱いについて検討が必要な場面としては、例えば、次のような場合が考えられている（令４改正解説764頁）（Q35（113頁）参照）。

〈やむを得ない事情があると認める場合の例〉

① 不完全な記帳状態ではあるが、申告書には収入金額が適正に記載されている場合

② 翌期の帳簿に記帳漏れとなった当期の収入金額が適正に記載されている場合等

③ 白色申告者が、帳簿の体裁を正しく取ってはいない事業用の通帳・ノートに収入金額を網羅的かつ一覧性のある形で記載しており、契約書・請求書等の書類が一定程度保存され、収入金額を確認できる場合

＊16 「令和４年度税制改正の大綱」（令和３年12月24日 閣議決定）71頁。

④　仕訳帳・総勘定元帳を保存しておらず、実態は補助帳簿による簡易簿記で記帳している青色申告者が、現金出納帳や売上帳等の補助帳簿に収入金額を適正に記載している場合
⑤　仕訳帳・総勘定元帳の片方しか保存していない青色申告者について、保存している一方の帳簿と補助帳簿に収入金額を適正に記載している場合

6　税額の計算等

修正申告等・期限後申告等に「帳簿に記載すべき事項等に係るもの以外の事実」がある場合の本加重措置の計算対象となる「過少申告加算税又は無申告加算税の額の計算の基礎となるべき税額」は、「修正申告等又は期限後申告等により納付すべき本税額」（全体）から、その「帳簿に記載すべき事項等に係るもの以外の事実」のみに基づいて修正申告等・期限後申告等があったものと仮定計算した場合に算出される本税額を控除した税額となる（通則法65④、66⑤、通則令27①・⑦）。

この「帳簿に記載すべき事項等に係るもの以外の事実」については、申告所得税に関しては次のような事実が該当するとされている（Q＆A19）。

〈申告所得税の「帳簿に記載すべき事項等に係るもの以外の事実」〉
①　帳簿に基づき計算されない所得区分（事業所得、不動産所得、山林所得以外の所得区分）に関する申告漏れ
②　所得控除・税額控除の適用誤り（ただし、帳簿に基づき計算される所得に関連する税額控除の適用誤り及び帳簿に基づき計算される所得の申告漏れに伴う所得控除・税額控除の異動（変更）は含まない）

これに対して法人税、地方法人税及び消費税の場合には、過少申告加算税・無申告加算税の額の計算の基礎となるべき税額の計算において、一般的にはすべての事項が帳簿に記載等をすべき事項に該当すると考えられることから、当該基礎となるべき税額（税務調査において指摘された非違事項に基づく税額）のすべてが本措置に基づく加重の対象となるとされている（Q＆A20）。したがって、法人税、地方法人税及び消費税については、「帳簿に記載すべき事項等に係るもの以外の事実」に該当する非違事項はない。

また、前述のように本加重措置の適用の有無については、売上げの金額の記載等により判断することとなるが、帳簿に記載すべき事項等に係る事実（＝申告漏れ）については、売上げのみに限られるものではなく、本加重措置の対象となる帳簿に関連するすべての帳簿に記載すべき事項等に基因する申告漏れの所得全体が対象となる。例えば、売上げの金額の記載等が、帳簿に記載等すべき金額の３分の２に満たないため、本加重措置の適用がある場合において、この売上げの過少計上の他、経費帳に経費の過大計上がある場合には、その経費の過大計上に基因する部分も含めて、本加重措置の適用対象となる本税額となり得ることとなる（令４改正解説765～766頁）。

7　対象となる帳簿の範囲

本加重措置の対象となる「一定の帳簿」とは、所得税、法人税又は消費税（輸入に係る消費税を除く）の修正申告等又は期限後申告等の基因となる事項に係る次の帳簿のうち、売上げに関する調査について必要があると認められるものとされている（通則法65④、66⑤、通則規11の２①）。

〈本措置の対象となる「一定の帳簿」〉

①　所得税法上の青色申告者（取引内容を正規の簿記の原則に従って記録している者に限る）が備付け・保存をしなければならないこと

とされている仕訳帳・総勘定元帳（所規58①）

② 所得税法上の青色申告者のうち①以外の者が備付け及び保存をしなければならないこととされている一定の簡易な記録の方法・記載事項によることができる帳簿（所規56①ただし書）
具体例：現金出納帳・売上帳等の補助帳簿

③ 所得税法において白色申告者が備付け・保存をしなければならないこととされている帳簿（所規102①）
具体例：現金出納帳・売上帳等の補助帳簿

④ 法人税法上の青色申告法人が備付け・保存をしなければならないこととされている仕訳帳・総勘定元帳（法規54）

⑤ 法人税法において白色申告法人が備付け・保存をしなければならないこととされている帳簿（法規66①）
具体例：現金出納帳・売上帳等の補助帳簿

⑥ 消費税法上の事業者が備付け・保存をしなければならないこととされている帳簿（消法30⑦・⑧一・二、38②、38の２②、58）
具体例：仕訳帳・総勘定元帳・補助帳簿

またＱ＆Ａにおいて、申告所得税に関して、次のようなケースについては、本加重措置における「売上げに関する調査に必要な帳簿」として取り扱うこととされている。

〈「売上げに関する調査に必要な帳簿」として扱われるケース〉

① 日々の売上金額の合計額のみが記載されているノートに関して、それと併せて請求書の控え（写し）等の書類も保存されており、個々の取引の相手方・金額がこれらの書類に記載されている場合（Ｑ＆Ａ９）

② 売上げについて取引の年月日・相手方・金額が記載された請求書の控え（写し）等の書類を、その年月日順に整理して保存する等、帳簿に相当する規則性を有する形で保存している場合（Ｑ＆Ａ10）

③ 不動産所得においては、取引の年月日・相手方・金額等といった取引内容が整然とかつ明瞭に記録された帳簿の備付け及び保存をす

る必要があり、収入が振り込まれる預貯金口座が賃貸料のすべてについて振込みを受ける目的でのみ使用されており、摘要欄の記載等からそれに対応する賃貸期間・賃借人が分かる場合（その通帳自体が売上帳に相当する）（Q＆A11）

④　また、③の売上帳に相当するとはいい難い場合であっても、その預貯金口座が事業性の送受金にのみ用いられている事業専用口座である場合には、業務に関して作成したその他の帳簿に相当するものと思われることから、すべての賃貸料について、摘要欄の記載等から対応する賃貸期間・賃借人が分かるとき又は併せて保存されている契約書・領収書の控え（写し）等からその取引内容を確認できるとき（Q＆A11）

⑤　さらに、その預貯金口座が私的な送受金でも一部使用されていた場合には、賃貸料の振込みに印を付す等の方法によって私的な送受金と明確に区分して記録されている状態とした上で、すべての賃貸料について、摘要欄の記載等から対応する賃貸期間・賃借人が分かるとき又は併せて保存されている契約書・領収書の控え（写し）等からその取引内容を確認できるとき（Q＆A11）

Ⅳ 過少申告加算税の免除等

第１章理論編Ⅳ1・６頁で述べた過少申告加算税の趣旨に沿わないような場合にまで、過少申告加算税を賦課する必要はない。また、過少申告加算税の賦課が、自発的な修正申告の足枷になることもある。

そこで、**1正当な理由がある場合**、**2減額更正後の修正申告等の場合**及び**3調査によらない修正申告の場合**については、過少申告加算税が免除（＝不適用（賦課されない））ないし軽減されることとされている。

1　正当な理由がある場合

納付すべき税額の計算の基礎となった事実のうち修正申告又は更正前の税額（還付金の額に相当する税額を含む）の計算の基礎とされていなかったことについて正当な理由があると認められるものがある場合には、その正当な理由があると認められる事実に基づく税額は賦課されない（通則法65⑤一）。

ここで、「正当な理由」とはいかなるものか、ということが問題になるが、これについて**第１章理論編Ⅳ1**・７頁でも引用した最判平成18年４月20日民集60巻４号1611頁は、「過少申告加算税の上記の趣旨に照らせば、〔…中略…〕『正当な理由があると認められる』場合とは、①真に納税者の責めに帰することのできない客観的な事情があり、上記のような過少申告加算税の趣旨に照らしても、なお、納税者に②過少申告加算税を賦課することが不当又は酷になる場合をいうものと解するのが相当である」（付番及び下線著者）と判示している。この判示によれば、「正当な理由」の意義は、次の２つのいずれにも該当する場合であるということである。

〈「正当な理由」に該当する場合〉

① 真に納税者の責めに帰することのできない客観的な事情がある場合

② 過少申告加算税を賦課することが不当又は酷になる場合

このような「正当な理由」の該当性については、事務運営指針では、納税者の責めに帰すべき事由のない事実の例として、次のものが示されている（**Q18**～**Q24**（92～101頁）参照）。

〈納税者の責めに帰すべき事由のない事実の例〉

(1) **所得税の例**（過少加算税指針（所）第１の３）

① 税法の解釈に関し、申告書提出後新たに法令解釈が明確化されたため、その法令解釈と納税者の解釈とが異なることとなった場合において、その納税者の解釈について相当の理由があると認められること。

(注) 税法の不知・誤解又は事実誤認に基づくものはこれに当たらない[*17]。

② 確定申告の納税相談等において、納税義務者から十分な資料の提出等があったにもかかわらず、税務職員等が納税義務者に対して誤った指導を行い、納税義務者がその指導に従ったことにより過少申告となった場合で、かつ、納税義務者がその指導を信じたことについてやむを得ないと認められる事情があること。

(2) **法人税の例**（過少加算税指針（法）第１の３）

① 税法の解釈に関し、申告書提出後新たに法令解釈が明確化されたため、その法令解釈と法人の解釈とが異なることとなった場合において、その法人の解釈について相当の理由があると認められること。

(注) 税法の不知・誤解又は事実誤認に基づくものはこれに当たらない。

② 調査により引当金等の損金不算入額が法人の計算額より減少したことに伴い、その減少した金額を認容した場合に、翌事業年度においていわゆる洗替計算による引当金等の益金算入額が過少となるためこれを税務計算上否認（いわゆるかえり否認）したこと。

(3) **相続税・贈与税の例**（過少加算税指針（相）第１の１）

① 税法の解釈に関し申告書提出後新たに法令解釈が明確化されたため、その法令解釈と納税者（相続人（受遺者を含む）から遺産（債務及び葬式費用を含む）の調査、申告等を任せられた者又は

＊17 これについては、東京高判昭和51年５月24日税資88号841頁も、「納税者の税法の不知若しくは誤解に基く場合は、これに当らないというべきである」と判示している。

受贈者から受贈財産（受贈財産に係る債務を含む）の調査、申告等を任せられた者を含む。以下同じ）の解釈とが異なることとなった場合において、その納税者の解釈について相当の理由があると認められること。

（注）税法の不知・誤解又は事実誤認に基づくものはこれに当たらない。

② 災害又は盗難等により、申告当時課税価格の計算の基礎に算入しないことを相当としていたものについて、その後、予期しなかった損害賠償金等の支払いを受け、又は盗難品の返還等を受けたこと。

③ 相続税の申告書の提出期限後において、次に掲げる事由が生じたこと。

イ 相続税法51条２項各号に掲げる事由

ロ 保険業法（平成７年法律第105号）270条の６の10第３項に規定する「買取額」の支払いを受けた場合

2 減額更正後の修正申告等の場合

修正申告又は増額更正の前に減額更正（更正の請求に基づく更正を除く）があった場合には、その修正申告等に基づき納付すべき税額から期限内申告書に係る税額に達するまでの税額を控除して、過少申告加算税を課すこととされている（通則法65⑤二）。

この取扱いは、平成28年度税制改正において、減額更正後の修正申告等の場合に延滞税が課されないこととされた（**第２章理論編Ⅲ1・31頁参照**）ことに伴い、それまでの運用上の取扱い＊18について法令上明確化することとされたものである。

＊18 70～71頁で引用した各加算税指針の改正前は、減額更正後の修正申告等の場合についても、「正当な理由」に該当するものとされていた。

3　調査によらない修正申告の場合

修正申告書の提出が、調査があったことにより更正があるべきことを予知してされたもの（以下「更正予知」という）でない場合において、その調査に係る調査通知がある前に行われたものであるときは、過少申告加算税は賦課されない（通則法65⑥）。

ただし、修正申告書の提出が、調査通知後の更正予知でない場合については、5％（期限内申告額と50万円のいずれか多い額を超える部分は10％）の過少申告加算税が賦課される（通則法65①かっこ書・②）（図表３－２）。

■図表３－２　過少申告加算税の時期ごとの割合

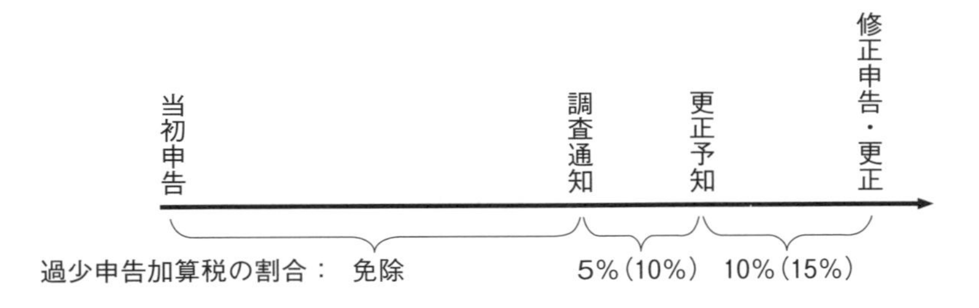

ここで「更正予知」というのは、具体的にどの時点をいうのかということが問題となる。これについては、①調査着手時説、②端緒把握時説、③調査開始後予知推定説などの考え方があり、裁判例では、②が採用されることが多いようである（例えば、東京高判昭和61年６月23日行集37巻６号908頁、最判平成11年６月10日訟月47巻５号1188頁）（コンメ3543の２頁以下参照）。また、事務運営指針では、次のように述べられている（過少加算税指針（所）第１の１等）（Q29（106頁）、Q31～Q33（109～112頁）参照）。

〈更正予知と認められる場合〉

国税通則法65条１項又は６項の規定を適用する場合において、その納税者に対する臨場調査、その納税義務者の取引先に対する反面調査又はその納税義務者の申告書の内容を検討した上での非違事項の指摘等により、その納税義務者が調査のあったことを了知したと認められた後に修正申告書が提出された場合の修正申告書の提出は、原則として、「更正予知」に該当する。

（注）　臨場のための日時の連絡を行った段階で修正申告書が提出された場合には、原則として、「更正予知」に該当しない。

また、「調査通知」とは、調査の事前通知事項のうち①実地の調査を行う旨、②調査対象税目及び③調査対象期間の三つの通知をいう（通則法65⑥、74の９①四・五、通則令27④）。この調査通知には、税務代理人に対してする通知（通則法74の９⑤）も含まれる（通則令27⑤）（**Q29**（106頁）参照）。

・調査通知
- ① 実地の調査を行う旨
- ② 調査対象税目
- ③ 調査対象期間

この調査通知から更正予知までの間に原則として５％で課される過少申告加算税は、平成28年度税制改正で設けられたものである。その趣旨は、事前通知の直後に多額の修正申告をすることによって過少申告加算税の賦課を回避する事例が散見されたことから、それに対応し、当初申告のコンプライアンスを向上することにある（精解797頁（注一））。

この調査通知を行った時点とは、納税義務者又は税務代理人に対して調査通知を行った時点である。ここで、同意のある税務代理人が数人ある場合には、いずれかの税務代理人（通則法74の９⑥に規定される代表する税務代理人を定めた場合はその代表する税務代理人）に対して調査通知を行った時点となる（過少加算税指針（所）第１の４⑴（注）２等）。

また、この調査通知を行った場合において、調査通知後に修正申告書が提出されたときは、その調査通知に係る調査について、実地の調査が行われたかどうかにかかわらず、原則として５％の過少申告加算税が課されることとなる（過少加算税指針（所）第１の４⑵等）（**Q30**、**Q31**（108～109頁）参照）。

調査通知後の修正申告書の提出が、次に掲げる場合には、調査通知がある前に行われたものとして取り扱われる（過少加算税指針（所）第１の４⑶等（**Q15**（89頁）参照））。

〈調査通知後の修正申告書の提出が、調査通知がある前に行われたものとして取り扱われる場合〉

⑴　その調査通知に係る調査について、是認通知（通則法74の11①）をした後修正申告書が提出された場合

⑵　その調査通知に係る調査について、調査結果の説明（通則法74の11②）に基づき納税義務者から修正申告書が提出された後又は更正（通則法29①）・賦課決定（通則法32⑤）をした後に修正申告書が提出された場合

⑶　その修正申告書（所得税）が、例えば、消費税についての更正の請求に基づく減額更正が行われたことに伴い提出された場合

ただし、当該修正申告書に当該減額更正に係る部分以外の部分が含まれる場合には、当該減額更正に係る部分以外の部分は、調査通知がある前に行われたものとして取り扱わないものとされる。

V 国外財産調書・財産債務調書の提出による軽減・加重

1 国外財産調書の提出による軽減・加重

「国外財産調書制度」は、平成24年度税制改正により創設されたものである（さらに、令和４年度税制改正により一部見直し）。これは、居住者がその年の12月31日において、その価額の合計額が5,000万円を超える国外財産を有する場合には、その財産の種類、数量及び価額その他必要な事項を記載した「国外財産調書」を翌年の６月30日まで[*19]に所轄税務署長に提出しなければならないというものである。

そして、この制度における適正な調書提出に向けたインセンティブ措置として、過少申告加算税の軽減・加重措置が設けられているのである。すなわち、①国外財産調書を提出した場合には、記載された国外財産に関して所得税・相続税の申告漏れが生じたときであっても、過少申告加算税を５％軽減する一方、②国外財産調書の提出がない場合又は提出された国外財産調書に国外財産の記載がない場合（記載が不十分な場合を含む）に所得税の申告漏れが生じたときは、過少申告加算税を５％加重することとされている（国外送金等調書法６）。

2 財産債務調書の提出による軽減・加重

「財産債務調書制度」は、平成27年度税制改正により、かつての「財産債務明細書制度」を見直し、創設されたものである（さらに、令和４年度税制改正により一部見直し）。これは、所得税の申告書を提出すべき者が、その申告書に記載すべきその年分の総所得金額及び山林

＊19　令和４年分以前の国外財産調書については、翌年の３月15日まで。

所得金額の合計額が2,000万円を超え、かつ、その年の12月31日においてその価額の合計額が３億円以上の財産又はその価額の合計額が１億円以上の国外転出特例対象財産を有する場合（令和５年分以後の財産債務調書については、これに加え、その価額の合計額が10億円以上の財産を有する場合（所得基準なし））には、同日において有する財産の種類、数量及び価額並びに債務の金額その他必要な事項を記載した「財産債務調書」を翌年の６月30日まで[*20]に所轄税務署長に提出しなければならないこととされているものである（国外送金等調書法６の２）。

そして、先にみた国外財産調書制度と同様に、インセンティブ措置として、過少申告加算税の軽減・加重措置が設けられている。すなわち、①財産債務調書を提出した場合には、記載された財産又は債務に関して所得税・相続税の申告漏れが生じたときであっても、過少申告加算税を５％軽減する一方、②財産債務調書の提出がない場合又は提出された財産債務調書に財産・債務の記載がない場合（記載が不十分と認められる場合を含む）に所得税の申告漏れが生じたときは、加算税を５％加重することとされている（国外送金等調書法６の３）（Q34（112頁）参照）。

〈国外財産調書・財産債務調書の提出が…〉
- **ある場合　➡過少申告加算税５％軽減**
- **ない場合等➡過少申告加算税５％加重**

以上の国外財産調書・財産債務調書の提出による軽減・加重制度をまとめたものが図表３－３である。

＊20　令和４年分以前の財産債務調書については、翌年の３月15日まで。

■図表３－３　国外財産調書等の提出状況に係る過少申告加算税等の軽減（加重）措置の概要

⑴　国外財産調書（財産債務調書）の提出の関係

税　目	国外財産調書（財産債務調書）の提出等の状況	加算税の軽減（加重）割合
所得税	修正申告書や期限後申告書等に係る年分の国外財産調書を提出（国外送金等調書法６②一） ※　財産債務調書に準用（国外送金等調書法６の３①）	過少申告加算税又は無申告加算税の軽減（５％を乗じて計算した金額を控除）（国外送金等調書法６①） ※　下記⑵が適用される場合（指定する日までに所定の書類の提出等がない場合）、軽減措置の規定（国外送金等調書法６①）は、適用しない（国外送金等調書法６⑦一）。
	修正申告書や期限後申告書等に係る年分の国外財産調書の不提出（当該調書に記載すべき修正申告等の基因となる国外財産についての記載がない場合（記載が不十分であると認められる場合を含む））（責めに帰すべき事由がない場合を除く）（国外送金等調書法６③一・二・④一） ※　財産債務調書に準用（国外送金等調書法６の３②）	過少申告加算税又は無申告加算税の加重（５％を乗じて計算した金額を加算）（国外送金等調書法６③） ※　偽りの記載をして提出した者や提出期限までに提出しなかった者に罰則の適用（国外財産調書のみ罰則適用）（国外送金等調書法10①・②）
相続税	修正申告書や期限後申告書等が相続税に関するものであり、次に掲げる国外財産調書のいずれかが提出される場合（国外送金等調書法６②二） イ　被相続人の相続開始年の前年分の国外財産調書 ロ　相続人の相続開始年の年分の国外財産調書 ハ　相続人の相続開始年の翌年分の国外財産調書 ※　財産債務調書に準用（国外送金等調書法６の３①）	過少申告加算税又は無申告加算税の軽減（５％を乗じて計算した金額を控除）（国外送金等調書法６①） ※　下記⑵が適用される場合、軽減措置の規定は、適用しない（国外送金等調書法６⑦一）。

相続税	次に掲げる国外財産調書のすべてを不提出（当該調書に記載すべき修正申告等の基因となる国外財産についての記載がない場合（記載が不十分であると認められる場合を含む））（責めに帰すべき事由がない場合を除く）（国外送金等調書法６③一・二・④二） イ　被相続人の相続開始年の前年分の国外財産調書 ロ　相続人の相続開始年の年分の国外財産調書 ハ　相続人の相続開始年の翌年分の国外財産調書	過少申告加算税又は無申告加算税の加重（５％を乗じて計算した金額を加算）（国外送金等調書法６③） ※　偽りの記載をして提出した者や提出期限までに提出しなかった者に罰則の適用（国外財産調書のみ罰則適用）（国外送金等調書法10①・②）

(2)　国外財産調書に記載すべき財産の取得等に係る書類の提出等の関係

税　目	国外財産調書に記載すべき国外財産の取得等に係る書類の提出等の状況	過少申告加算税等の特例
所得税・相続税	修正申告等があった日前に、提出等を求められた日から**60日を超えない範囲内**において当該職員が指定する日までに国外財産調書に記載すべき国外財産の取得等に係る書類の提示又は提出をしなかったとき（関係書類の提示又は提出の拒否）（責めに帰すべき事由がない場合を除く）（国外送金等調書法６⑦）	過少申告加算税又は無申告加算税の加重（原則：10％を乗じて計算した金額を加算（相続国外財産を有する者の責めに帰すべき事由がなく提出期限内に国外財産調書の提出がない場合等に関しては、５％を乗じて計算した金額を加算））（国外送金等調書法６⑦二）

※　「責めに帰すべき事由がない場合」として、「当該書類保有者が所在する国の国内法の規定により、当該書類の取得が困難である場合」といった例示がされている（課総８－１ほか「内国税の適正な課税の確保を図るための国外送金等に係る調書の提出等に関する法律（国外財産調書及び財産債務調書関係）の取扱いについて（法令解釈通達）」（令和４年６月24日改正）６－７（「居住者の責めに帰すべき事由がない場合」））。

VI　優良な電子帳簿の保存等による軽減

1　本軽減措置の概要

電子帳簿等保存制度におけるインセンティブ措置として、過少申告加算税の軽減措置が講じられている。すなわち、一定の国税関係帳簿（＝特例国税関係帳簿）に係る電磁的記録の備付け及び保存等が、国税の納税義務の適正な履行に資するものとして一定の要件を満たしている場合におけるその電磁的記録等に記録された事項に関し修正申告等があった場合の過少申告加算税の額については、通常課される過少申告加算税の金額からその修正申告等に係る過少申告加算税の額の計算の基礎となるべき税額*21の５％に相当する金額を控除した金額とすることとされている（電帳法８④柱書本文、電帳令２、３、電帳規5①～⑤。以下、Ⅵにおいて「本軽減措置」という）。ただし、本軽減措置は、その税額の計算の基礎となるべき事実を隠蔽し、又は仮装されたものがあるときは、適用しないこととされている（電帳法８④柱書ただし書）。

本軽減措置は、優良な電子帳簿の保存を促進するためのインセンティブ措置であり、令和６年１月１日以後に法定申告期限等が到来する国税について適用されている。そのため、通常は、所得税については令和５年分から、法人税については10月決算法人の場合には令和５年10月決算期分から、それぞれ適用される場面が生じ得ていることになる。

なお、上記の過少申告加算税の軽減措置の適用に関して、具体的な事例（Ｑ＆Ａ）や当該事例に関する課税庁の考え方は、国税庁「電子帳簿保存法一問一答【電子計算機を使用して作成する帳簿書類関係】」（令和６年６月）問38～問54（「電子帳簿保存法一問一答（Ｑ＆Ａ）～令和４年１月１日以後に保存等を開始する方～」が参考となる。

2 対象となる国税関係帳簿の範囲

本軽減措置の対象となる「一定の国税関係帳簿」のことを「特例国税関係帳簿」といい、具体的には、修正申告等の基因となる事項に係

＊21　その税額の計算の基礎となるべき事実でその修正申告等の基因となるその電磁的記録又は電子計算機出力マイクロフィルムに記録された事項に係るもの以外のものがあるときは、その電磁的記録等に記録された事項に係るもの以外の事実に基づく税額を控除した税額となる（電帳法８④）。

る次の帳簿をいう（電帳規５①)。なお、課税期間を通じて優良な電子帳簿の保存に定める保存要件を満たしてこれら特例国税関係帳簿の保存等を行っていなければ、その課税期間について過少申告加算税の軽減措置の適用はないこととされている（電帳通達８－１)。

〈特例国税関係帳簿の範囲〉

① 所得税法上の青色申告者が保存しなければならないこととされる仕訳帳、総勘定元帳その他必要な帳簿（所規58①、63①）

② 法人税法上の青色申告法人が保存しなければならないこととされる仕訳帳、総勘定元帳その他必要な帳簿（法規54、59①）

③ 消費税法上の事業者が保存しなければならないこととされる次の帳簿

(1) 課税仕入れの税額の控除に係る帳簿（消法30⑦・⑧一）

(2) 特定課税仕入れの税額の控除に係る帳簿（消法30⑦・⑧二）

(3) 課税貨物の引取りの税額の控除に係る帳簿（消法30⑦・⑧三）

(4) 売上対価の返還等に係る帳簿（消法38②）

(5) 特定課税仕入れの対価の返還等に係る帳簿（消法38の２②）

(6) 資産の譲渡等又は課税仕入れ・課税貨物の保税地域からの引取りに関する事項に係る帳簿（消法58）

このように、優良な電子帳簿に係る過少申告加算税の軽減措置（５％軽減）の対象帳簿（所得税・法人税）の範囲については、仕訳帳、総勘定元帳その他必要な帳簿（所規58①、法規54）とされている（電帳法８④、電帳規５①)。このうち「その他必要な帳簿」については、令和５年度税制改正において、図表３－４に掲げる記載事項に係るもの（補助帳簿）に限ることとされた（電帳規５①、電帳通達８－２)。

■図表３－４　「その他必要な帳簿」の記載事項と具体例

記載事項	帳簿の具体例
手形（融通手形を除く）上の債権債務に関する事項	受取手形記入帳、支払手形記入帳
売掛金（未収加工料その他売掛金と同様の性質を有するものを含む）に関する事項	売掛帳
その他債権に関する事項（当座預金の預入れ及び引出しに関する事項を除く）	貸付帳、未決済項目に係る帳簿
買掛金（未払加工料その他買掛金と同様の性質を有するものを含む）に関する事項	買掛帳
その他債務に関する事項	借入帳、未決済項目に係る帳簿
有価証券（商品であるものを除く）に関する事項	有価証券受払簿（法人税のみ）
減価償却資産に関する事項	固定資産台帳
繰延資産に関する事項	繰延資産台帳
売上げ（加工その他の役務の給付その他売上げと同様の性質を有するもの等を含む）その他収入に関する事項	売上帳
仕入れその他経費又は費用（法人税においては、賃金、給料手当、法定福利費及び厚生費を除く）に関する事項	仕入帳、経費帳、賃金台帳（所得税のみ）

（注）　具体例のうち、有価証券受払簿については法人税の保存義務者が作成する場合、賃金台帳については所得税の保存義務者が作成する場合に限って、それぞれ「その他必要な帳簿」に該当する。

3　優良な電子帳簿の保存等の要件

上記1で述べた「国税の納税義務の適正な履行に資するものとして一定の要件」とは、次に掲げる保存義務者の区分に応じ、それぞれ次に定める要件とされている（電帳規５⑤）。

〈優良な電子帳簿の保存等の要件〉

① 国税関係帳簿に係る電磁的記録の備付け・保存をもってその国税関係帳簿の備付け及び保存に代えている保存義務者の要件

（その保存義務者が国税に関する法律の規定によるその国税関係帳簿に係る電磁的記録の提示又は提出の要求に応じることができるようにしている場合には、下記ハｂ及びｃの要件を除く）

イ　電磁的記録の訂正・削除・追加の履歴の確保

国税関係帳簿に係る電子計算機処理に、次に掲げる要件を満たす電子計算機処理システムを使用することとされている（電帳規５⑤一イ）。

ａ　その国税関係帳簿に係る電磁的記録の記録事項について訂正又は削除を行った場合には、これらの事実及び内容を確認することができること。

ｂ　その国税関係帳簿に係る記録事項の入力をその業務の処理に係る通常の期間を経過した後に行った場合には、その事実を確認することができること。

ロ　各帳簿間での記録事項の相互関連性の確保

国税関係帳簿に係る電磁的記録の記録事項とその国税関係帳簿に関連する国税関係帳簿（以下「関連国税関係帳簿」という）の記録事項（その関連国税関係帳簿が、その関連国税関係帳簿に係る電磁的記録の備付け及び保存をもってその関連国税関係帳簿の備付け及び保存に代えられているもの又はその電磁的記録の備付け及び国税関係帳簿書類の電子計算機出力マイクロフィルム（以下「COM」という）の保存をもってその関連国税関係帳簿の備付け及び保存に代えられているものである場合には、その電磁的記録又はそのCOMの記録事項）との間において、相互にその関連性を確認することができるようにしておくこととされている（電帳規５⑤一ロ）。

ハ　検索機能の確保

国税関係帳簿に係る電磁的記録の記録事項の検索をすることが

できる機能（次に掲げる要件を満たすものに限る）を確保しておくこととされている（電帳規５⑤一ハ）。

a　取引年月日、取引金額及び取引先（記録項目）を検索の条件として設定することができること。

b　日付又は金額に係る記録項目については、その範囲を指定して条件を設定することができること。

c　２以上の任意の記録項目を組み合わせて条件を設定することができること。

②　国税関係帳簿に係る電磁的記録の備付け及びCOMの保存をもってその国税関係帳簿の備付け・保存に代えている保存義務者の要件

イ　上記①の要件（電帳規5⑤二イ）

ロ　電磁的記録の訂正・削除・追加の履歴の確保に関する事項を含む備付書類の記載要件

その電磁的記録に上記①イａ及びｂの事実及び内容に係るものを含めた上で記載することとされている（電帳規５⑤二ロ）。

ハ　索引簿の備付け

COMの保存に併せて、国税関係帳簿の種類及び取引年月日その他の日付を特定することによりこれらに対応するCOMを探し出すことができる索引簿の備付けを行うこととされている（電帳規５⑤二ハ）。

ニ　COMへの索引の出力

COMごとの記録事項の索引をその索引に係るCOMに出力しておくこととされている（電帳規５⑤二ニ）。

ホ　当初３年間におけるCOMの記録事項の検索機能の確保

国税関係帳簿の保存期間の当初３年間について、次のａ又はｂのいずれかの措置を講じておくこととされている（電帳規５⑤二ホ）。

a　COMの保存に併せ、見読可能装置の備付け等及び検索機能の確保（上記①ハ）の要件に従って、そのCOMに係る電磁的記録の保存を行うこと。

b　COMの記録事項の検索をすることができる機能（上記①ハの検索機能に相当するものに限る）を確保しておくこと。

4　対象となる電磁的記録等の備付け等が行われる日

本軽減措置を適用するためには、特例国税関係帳簿に係る電磁的記録又はCOMについて、本措置の適用を受けようとする過少申告加算税の基因となる修正申告書又は更正に係る課税期間の初日以後引き続き上記3の要件を満たして備付け及び保存が行われている必要がある（電帳法８④、電帳令２）。

なお、課税期間の中途に業務を開始した個人については、その業務開始日から備付け及び保存が引き続き行われていれば、適切な期間の備付け及び保存であると考えられることから、新たに業務を開始した個人のその業務を開始した日の属する課税期間については、その業務を開始した日以後引き続き上記3の要件を満たして備付け及び保存が行われていれば、本軽減措置の適用が可能とされている（電帳令２）。

5　特例適用届出書等の提出

本軽減措置の適用を受けようとする場合は、あらかじめ、一定の事項を記載した「国税関係帳簿の電磁的記録等による保存等に係る過少申告加算税の特例の適用を受ける旨の届出書」（様式・記載例は後掲。以下「特例適用届出書」という）を納税地の所轄税務署長等に提出する必要がある（電帳規５①）。なお、本軽減措置の適用を受けようとする国税の法定申告期限までにこれが所轄税務署長等に提出されている場合には、その特例適用届出書は、あらかじめ、所轄税務署長等に提出されているものとして取り扱われることとされている（電帳通達８－５）。

また、特例適用届出書を提出している保存義務者は、その届出書に記載した事項の変更をしようとする場合には、あらかじめ、一定の事項を記載した「国税関係帳簿の電磁的記録等による保存等に係る過少申告加算税の特例の適用を受ける旨の届出の変更届出書」（様式・記載例は後掲（いずれも出典は国税庁ウェブサイト））を所轄税務署長等に提出しなければならない（電帳規５③）。

さらに、特例適用届出書を提出している保存義務者は、特例国税関係帳簿に係る電磁的記録又はCOMに記録された事項に関し修正申告等があった場合において、本軽減措置の適用を受けることをやめようとするときは、あらかじめ、一定の事項を記載した「国税関係帳簿の電磁的記録等による保存等に係る過少申告加算税の特例の適用の取りやめの届出書」（様式・記載例は後掲）を所轄税務署長等に提出しなければならない（電帳規５②前段）。この場合において、その届出書の提出があったときは、その提出があった日の属する課税期間以後の課税期間については、特例適用届出書は、その効力を失うこととされている（電帳規５②後段）。

国税関係帳簿の電磁的記録等による保存等に係る過少申告加算税の特例の適用を受ける旨の届出書（優良）

税務署受付印

		※整理番号	
令和 6 年 5 月 31 日	（フリガナ）	チヨダク カスミガセキ３－１－１	
	住所又は居所 （法人の場合） 本店又は主たる事務所の所在地	千代田区霞が関３－１－１ （電話番号 03－××××－××××）	
	（フリガナ）	カスミショウジ カブシキガイシャ	
	名称（屋号）	霞商事 株式会社	
税務署長殿	法人番号	1 2 3 4 5 6 7 8 9 1 2 3 4	
（所轄外税務署長）	（フリガナ）	コクゼイ タロウ	
税務署長殿	氏名 （法人の場合） 代表者氏名	国税 太郎	
（規則第５条第４項において準用する規則第２条第10項の規定を適用して提出する理由）	（フリガナ）	チヨダクオオテマチ△－△－△	
	（法人の場合） 代表者住所	千代田区大手町△－△－△ （電話番号 03－××××－××××）	

法第８条第４項の規定の適用を受けたいので、規則第５条第１項の規定により届け出ます。

1　特例の適用を受けようとする特例国税関係帳簿の種類並びに備付け及び保存に代える日
（……のほか、作成している場合にはその他の補助帳……）

帳簿の種類（根拠税法）	名称等	備付け及び保存に代える日	帳簿の種類（根拠税法）	名称	
□所得税法 ☑法人税法 ☑消費税法	総勘定元帳	年 月 日	□所得税法 ☑法人税法 □消費税法		年 月 日
□所得税法 ☑法人税法	仕訳帳	年 月 日	□所得税法 ☑法人税法		
□所得税法 ☑法人税法		年 月 日	□所得税法 ☑法人税法		
□所得税法 ☑法人税法		年 月 日	□所得税法 ☑法人税法		年 月 日

2　その他参考となるべき事項

（1）　特例の適用を受けようとする国税関係帳簿の作成・保存に使用するプログ……

□市販のソフトウェアのうちＪＩＩＭＡの認証を受けているもの

（メーカー名：　　　商品名：　　　）

□市販のソフトウェア（メーカー名：　　　商品名：　　　）

☑自己開発（委託開発の場合は、委託先：㈱■■■社（埼玉県和光市○—○—○）　　　）

（2）　その他参考となる事項

（例）　○年○月○日に承認を受けた次の国税関係帳簿について、○年○月○日以降保存する国税関係帳簿についてはその承認を取りやめ、令和３年度の税制改正後の要件で保存等を行うこととしましたので、届け出ます。

・総勘定元帳、仕訳帳、売掛金元帳、買掛金元帳、…（承認済国税関係帳簿の種類）

税理士署名	

※税務署処理欄	通信日付印	確認	入力年月日
	年 月 日		年

（1／1）

適用を受ける税目について、✓点を付してください。

適用を受けようとする税目に係る全ての特例国税関係帳簿について記載してください。

帳簿の種類が書ききれない場合には、適宜の様式に記載し、添付してください。

原則、課税期間の開始日となります。「備付け及び保存に代える日」が一緒の場合には、総勘定元帳の欄のみの記載で構いません。

令和３年度の税制改正前の承認を受けている国税関係帳簿について、令和３年度の税制改正後の要件で保存等を行うこととする場合に、この欄に取りやめようとする承認済国税関係帳簿の種類等を記載していただくことで、取りやめ届出書の提出があったものとみなされます。

国税関係帳簿の電磁的記録等による保存等に係る過少申告加算税の特例の適用を受ける旨の届出の変更届出書
~~国税関係帳簿書類の電磁的記録等による保存等の変更の届出書~~

（変更）

税務署受付印

		※整理番号	
令和 5 年 5 月 31 日	（フリガナ）	チヨダク カスミガセキ３－１－１	
	住所又は居所（法人の場合）本店又は主たる事務所の所在地	千代田区霞が関３－１－１（電話番号 03－××××－××××）	
	（フリガナ）	カスミショウジ カブシキガイシャ	
	名称（屋号）	霞商事 株式会社	
税務署長殿	法人番号	1 2 3 4 5 6 7 8 9 1 2 3 4	
（所轄外税務署長）	（フリガナ）	コクゼイ タロウ	
税務署長殿	氏名（法人の場合）代表者氏名	国税 太郎	
（規則第５条第４項において準用する規則第２条第10項の規定を適用して提出する理由）	（フリガナ）	チヨダクオオテマチ△－△－△	
	（法人の場合）代表者住所	千代田区大手町△－△－△（電話番号 03－××××－××××）	

次の事項を変更することとしたので、☑ 規則第５条第３項 □ 旧法第７条第２項 の規定により届け出ます。

《注意事項》 規則第５条第３項の規定により届け出る場合は、項目１について記載は必要ありません。

1 変更しようとする事項に係る国税関係帳簿書類の種類等

帳簿書類の種類		変更しようとする日（当初の承認を受けた年月日等）	保存方法	納税地等（上段）保存場所（下段）
根拠税法	名称等			

この欄は記載不要です

2 変更しようとする事項及び変更の内容

変更事項	変更の内容
国税関係帳簿の追加 システムの追加	（例）新たに取引先台帳を作成することとなったため、届け出ます。 （例）取引先台帳は㈱■■■社製のGGGGGシステムで作成します。 「特例の適用を受ける旨の届出書を提出した年月日：令和 4 年 4月 1日」

3 その他参考となる事項

・この届出書に係る担当部署：財経部経理課、電話番号03－XXXX－XXXX

「システム変更の場合に、旧法第４条第３項の規定により保存している電磁的記録を変更後のシステムに移行することの可否」（□可 ・ □否）

税理士署名	

※税務署処理欄	同時提出届出書			回付先		整理簿
	個人（消費）・資産・資料・法人（消費）・源泉 諸税・酒（ ）			管理運営 ⇨	個人・資産・資料・法人・源泉 諸税・酒・局（ ）	
	通信日付印	確認	入力年月日	入力担当者	番号確認	（摘要）
	年 月 日		年 月 日			

（1／1）

国税関係帳簿の電磁的記録等による保存等に係る過少申告加算税の特例の適用の取りやめの届出書
~~国税関係帳簿書類の電磁的記録等による保存等の取りやめの届出書~~

（取りやめ）

税務署受付印

		※整理番号
令和 6年 4月 1日	(フリガナ)	チヨダク カスミガセキ3－1－1
	住所又は居所（法人の場合）本店又は主たる事務所の所在地	千代田区霞が関3－1－1（電話番号 03－××××－××××）
税務署長殿	(フリガナ)	カスミショウジ カブシキガイシャ
(所轄外税務署長)	名称（屋号）	霞商事 株式会社
税務署長殿	法人番号	1 2 3 4 5 6 7 8 9 1 2 3 4
(規則第5条第4項において準用する規則第2条第10項の規定を適用して提出する理由)	(フリガナ)	コクゼイ タロウ
	氏名（法人の場合）代表者氏名	国税 太郎
	(フリガナ)	チヨダクオオテマチ△－△－△
	（法人の場合）代表者住所	千代田区大手町△－△－△（電話番号 03－××××－××××）

☑ 令和 6年 5月 1日以後保存等を行う特例国税関係帳簿について、法第8条第4項の特例の適用を取りやめますので、規則第5条第2項の規定により届け出ます。

・特例の適用を受ける旨の届出書を提出した年月日：令和 4年 6月 30日

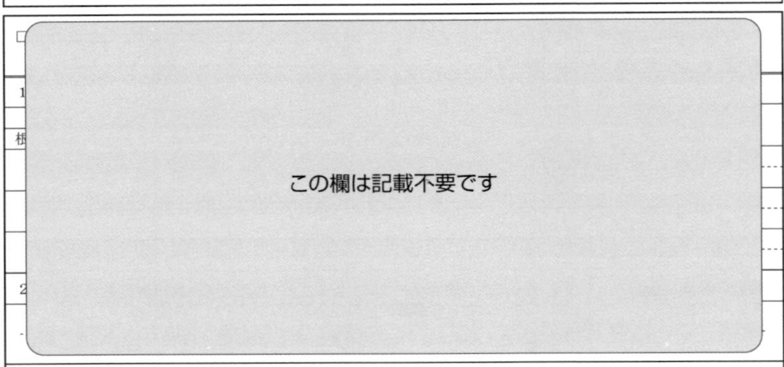

3 その他参考となる事項

「旧法第4条第3項の規定による電磁的記録の保存をやめようとする場合の基となった書類の保存の状況」（□保存している ・ □廃棄した）

税理士署名	

※税務署処理欄	同時提出届出書		回付先		整理簿
	個人（消費）・資産・資料・法人（消費）・源泉 諸税・酒（ ）		管理 運営 ⇨ 個人・資産・資料・法人・源泉 諸税・酒・局（ ）		
	通信日付印	確認	入力年月日	入力担当者	番号確認	(摘要)
	年 月 日		年 月 日			

（1／1）

応用編

Ⅰ 過少申告加算税の共通項目

1 確定申告書に記載された課税標準等と過少申告加算税との関係

Q14 確定申告書に記載された課税標準等と税額等のいずれかが正しければ過少加算税は課されないのでしょうか。

A 過少申告加算税が賦課されないためには、課税標準等と税額等のいずれもが正確に確定申告書に記載されることが必要である。税額等の計算方法を誤った場合と課税標準等を誤った場合であっても、過少申告加算税の取扱いは異ならないとされている（大阪高判平成２年２月28日税資175号976頁）。

2 義務的修正申告と過少申告加算税との関係

Q15 修正申告書を提出した場合であっても過少申告加算税が課されない場合はありますか。

A 正当な理由がある場合（**第３章理論編Ⅳ1**・69頁参照）や調査通知後の修正申告書の提出が調査通知がある前に行われたものとして取り扱われる場合（**第３章理論編Ⅳ3**・74頁参照）以外の場合として、一定の事由があるときに法定納期限後に修正申告をしなければならないとされている場合に一定の期間内に提出された修正申告書（以下「義務的修正申告」という）は、期限内申告書とみなされること（所法151の4④、相法50等）から、過少申告加算税は課されない。

3　修正申告書の提出のタイミングと過少申告加算税の割合

Q16 修正申告書を提出する時（タイミング）や提出の状況によって、過少申告加算税が賦課される割合は変わるのでしょうか。

A 修正申告書を提出するタイミングや提出の状況によって、過少申告加算税自体の賦課の有無や過少申告加算税の賦課の割合が変わることがある（**第３章理論編Ⅳ3**・72頁参照）。

例えば、更正があるべきことを予知してされたものでない場合において、①調査通知が行われる前のタイミング（段階）で修正申告書を提出したときは過少申告加算税が賦課されないこと（つまり、０％）（通則法65⑥）、②調査通知が行われた後の段階で修正申告書を提出したときは５％（期限内税額と50万円のいずれか多い額を超える部分は10％）（通則法65①・②）、あるいは、③更正があるべきことを予知してされたものであり、調査通知後の段階で修正申告書を提出した場合は10％（期限内申告税額相当額と50万円とのいずれか多い金額を超えるときは、15％）（通則法65①・②）とされている。

なお、修正申告書の提出又は更正による納付すべき税額のうち納税者に正当な理由があるものと認められる部分について、過少申告加算税が賦課されないこととされている（通則法65⑤一）。また、修正申告又は更正前に減額更正等（通則令27）があった場合、期限内申告書に係る税額に達するまでの税額について、過少申告加算税が賦課されないこととされている（通則法65⑤二）。

以上について、更正があるべきことを予知してされたものであるか否かの区分により図表３－５で整理した。

■図表３－５　修正申告書の提出のタイミングと加算税賦課との関係

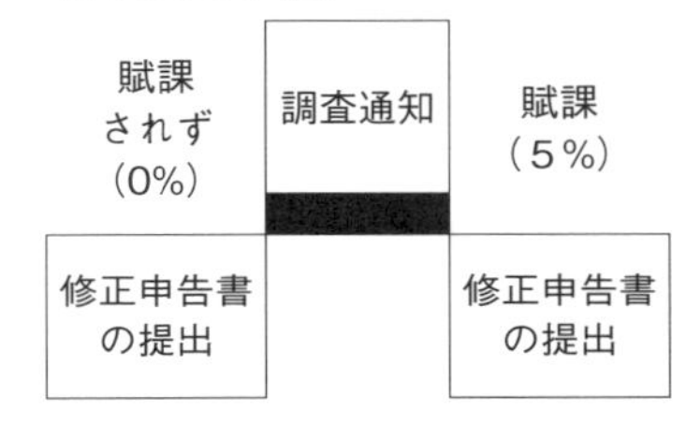

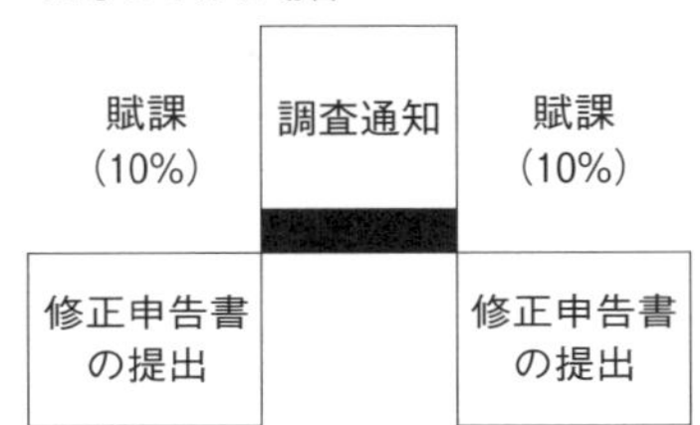

4　還付申告書の提出と過少申告加算税

Q17 税額が還付されていない段階であるが、税務調査等により、提出した還付申告書が誤りであることが明らかになった場合、当該還付申告書を提出した納税者に対しても、過少申告加算税が賦課されるのでしょうか。

A 過少申告加算税が賦課される場合がある。例えば、修正申告により還付税額が減少したが、実際に還付されていない場合であっても過少申告加算税を賦課することは適法であるとされている（東京高判平成９年６月30日税資223号1290頁、福岡地判平成７年９月27日税資213巻728頁）。

Ⅱ 過少申告加算税の免除事由（「正当な理由」関係）

1 「正当な理由」（通則法65⑤）と通達の変更等との関係

Q18 過少申告の原因が通達の変更前の内容に基づく計算によるものであると思われる場合、このような過少申告については「正当な理由」（通則法65⑤）があるものと認められるのでしょうか。

A 「正当な理由」があるものと認められる場合、つまり、過少申告加算税が賦課されない場合として、以下の裁判例や事務運営指針（過少加算税指針（所）第1の3(1)）が示すように、通達の変更前の通達に沿った申告が該当する場合があると考えられる（**第3章理論編Ⅳ1・**69頁参照）。

例えば、ストックオプションの権利行使益（最判平成18年10月24日民集60巻8号3128頁、最判平成18年11月16日判時1955号37頁）、あるいは、組合契約の損失の分配（最判平成27年6月12日民集69巻4号1121頁）に係る通達改正前の申告に関して、最高裁は、過少申告加算税を賦課することは不当又は酷になるというのが相当であるから、「正当な理由」（通則法65⑤）があるものというべきであると判示している。

他方、「正当な理由」があるものと認められない場合、つまり、過少申告加算税の賦課が妥当とされた場合として、通達の発遣前であっても業界雑誌等を通じて納税者が通達の変更内容を把握できた場合が該当するとされている。このような判断を示した裁判例としては、高松地判平成7年4月25日訟月42巻2号370頁がある。この高松地裁判決は、「原告は、本件の介護費用保険を販売している●●▲▲〔著者注：

会社名等の名称（以下、同じ）〕等損害保険会社数社の保険代理店等の業務を行うものであり、本件通達の内容を知りうるに足る特段の事情があったというべきである。すなわち、●●の場合、平成元年一二月六日、本件通達（当時は通達案）の内容を解説した同日付けの同社の代理店等への配付用機関紙『業務ニュース』が■支社に配付され、さらに同支社からその担当の代理店である原告に対し、遅くとも同月中旬ころまでには配付されていた。また、▲▲の場合は、本件通達の内容を解説した代理店配付用機関紙『▲▲』（平成二年一月一日付け）が各代理店に対し配付されており、原告にも確定申告の期限までには配付されていたものと推認できる。

そうとすると、原告は、確定申告期限までに、保険会社の機関紙という極めて確度の高い情報により、本件通達の内容を十分知りえた可能性が高く、本件通達に基づいて会計処理をすることができたものというべきであり、原告の行った確定申告は独自の見解に基づくものというほかなく、過少申告加算税の計算の基礎となった事実のうちに、当初の税額の基礎とされていなかったことについて正当な理由があると認めることはできない。」としている。

また、ストックアワード（勤務先の外国法人である親会社の株式を無償で取得することができる権利）に係る申告について、勤務先から配布されたガイドラインに記載された申告に係る内容、納税者が類似していると考えていたストックオプションに係る最高裁の判断が示されたこと及び申告する上で、税理士に相談したり所轄税務署の納税相談を受けたりはしていないということ等を踏まえ、給与所得として申告しなかったことについて、「正当な理由」があると認めることはできないとされている（大阪地判平成20年２月15日訟月56巻１号21頁）。

最近の事例として、最高裁（最判令和５年３月６日訟月69巻７号747頁）は、「税務当局は、遅くとも平成17年以降、本件各課税仕入れと同様の課税仕入れを、当該建物が住宅として賃貸されること（その他の資産の譲渡等に対応すること）に着目して共通対応課税仕入れに区分すべきであるとの見解を採っており、そのことは、本件各申告当時、税務当局の職員が執筆した公刊物や、公表されている国税不服審判所の裁決例及び下級審の裁判例を通じて、一般の納税者も知り得たものということができる。」、「そうすると、平成17年以降、税務当局が、本件各課税仕入れと同様の課税仕入れを当該建物が住宅として賃貸されることに着目して共通対応課税仕入れに区分する取扱いを周知するなどの積極的な措置を講じていないとしても、事業者としては、上記取扱いがされる可能性を認識してしかるべきであったということができる。」と判示している。当該判決において、特定の税務上の処理に係る裁決や判決（下級審レベルも含む）が公表されている場合、特に、納税者の選択した税務上の処理を否定する結論（内容）を含む裁決や判決が公表されている場合において、課税庁が、当該取扱いについて、国税庁ウェブサイト等で周知するといった積極的な措置を講じていない場合であっても、当該取扱いを一般の納税者も知り得、適切な申告を行うことが可能であることを示していることから、類似の争訟において、「正当な理由」があるものと認められないといった判断が今後示されるのではないかと思われる。

なお、制度が複雑であることや制度が理解し難いものであるとして、納税者の税法の不知・誤解等が過少申告の原因であった場合（東京高判昭和51年５月24日税資88号841頁、過少加算税指針（所）第１の３⑴（注））、あるいは、自己の見解と課税庁の見解（解釈）が異なった場合（福岡地判平成３年２月28日税資182号522頁）、「正当な理由がある場合」に該当しないとされている。

2 「正当な理由」（通則法65⑤）と税務職員の誤指導との関係

Q19 税務署における納税相談を担当した税務職員の指導や助言に誤りがあった場合、「正当な理由」（通則法65⑤）があるものと認められるのでしょうか。

A 「確定申告の納税相談等において、納税義務者から十分な資料の提出等があったにもかかわらず、税務職員等が納税義務者に対して誤った指導を行い、納税義務者がその指導に従ったことにより過少申告となった場合で、かつ、納税義務者がその指導を信じたことについてやむを得ないと認められる事情があること。」（過少加算税指針（所）第1の3⑵（**第3章理論編Ⅳ1**・70頁参照）とされていることから、状況によって、「正当な理由がある場合」に該当すると判断される場合と判断されない場合があると考えられる。

例えば、「正当な理由がある場合」に該当すると判断された場合（事例）として、那覇地判平成8年4月2日税資216号1頁は、納税者が複数回の問合せを行い、資料をすべて提示した事例について、「本件についてみるに、本件で原告が株式売買による収入を所得として申告しなかったのは、原告が故意にこれを隠したものではなく、〔…中略…〕、原告の三回にわたる問い合わせに対して、各税務署職員が、〔…中略…〕税務官庁の公的見解とはいえないとしても、いずれも誤った回答をしたことにその原因がある。」としている。

他方、「正当な理由がある場合」に該当すると判断されなかった場合（事例）として、高松地判平成19年12月5日税資257号順号10843は、納税者が税務職員に対して適切な情報を提供したか否かの点を重視し、「原告に対しては、取得財産について倍率を調査する機会が与えられていたが、原告が、相談担当職員に対し、倍率等に関する適切な情報を提供しなかったために、上記のような結果を生じたものと認められる。」としている（類似の事例として、岡山地判平成８年９月17日税資220号761頁）。

なお、納税相談の性質については、「税務署の納税相談は、相談者に対する行政サービスとして納税申告をする際の参考とするために、税務署の一応の判断を示すものにすぎず、最終的にいかなる納税申告をすべきかは納税義務者の判断と責任に任されている」（高松地判平成19年12月５日税資257号順号10843等）とされているように、原則、確定申告書の提出に関する最終的な判断や責任は、納税者にあるものとされている。

したがって、確定申告書の提出は、基本的には、納税者の自己の判断や責任で行うことを前提として、「相談に行くこと」（納税相談に出向いたこと）がただちに「正当な理由がある場合」とは判断されないことから、「正当な理由がある場合」に該当するか否かを判断する上で、納税相談時において、納税者が正確で詳細な情報提供や資料の提供を行ったか否かが重要になるものと思われる（例えば、「正当な理由がある場合」に該当するか否かを判断する上で、納税者からの資料の提出や詳細な説明の有無を重視した事例として、福岡高判平成12年３月28日税資247号37頁、平成16年３月24日裁決裁事67集）。

3　税務職員の誤指導の意味

Q20　法定申告期限前に提出した申告書の誤りについて、法定申告期限内に課税庁（当該職員）が指摘しなかったことは、誤指導に該当するのではないでしょうか。

A　例えば、「本件確定申告書に記載した雑所得の金額の誤りを法定申告期限内に指摘しなかったからといって、そのことを理由に原処分を不当とすることはできない。また、国税通則法第65条第４項〔著者

注：現行５項〕に規定する『正当な理由があると認められるものがある場合』にも該当しない。」（平成11年12月22日裁決裁事58集）とした事例を踏まえると、「正当な理由がある場合」の解釈として、本問のような見解は採用し難いものと思われる。

また、税務調査時等に当該職員が誤りを指摘しなかった事項について、当該税務調査後に行われた別の税務調査において、更正を行った場合、平成13年４月19日裁決裁事61集では、「税務官庁が、税務調査において、納税者の経理処理について、特に指摘をしなかったからといって、当該経理処理を公的あるいは確定的に是認したものでないことは明らかであり、その後の税務調査において、当該経理処理の誤りが判明した場合に、その是正を求めることはむしろ当然である。」、「そうすると、本件調査担当職員が請求人の消費税に係る経理処理を是正しなかった事実のみをもって、請求人に対して誤った指導を行ったというのは相当でない。」として、上記のような当該職員の対応は「正当な理由がある場合」に該当しないとされている。

4 「正当な理由」（通則法65⑤）と税理士の誤り等との関係

Q21 過少申告の原因が税理士等の税務代理人の計算ミスや事務処理上のミス等に基因するものであった場合、当該過少申告について、「正当な理由」（通則法65⑤）があると認められるのでしょうか。

A 過少申告の原因が、税理士等の税務代理人のミスに基因するものであった場合であっても、基本的には当該過少申告に関して、「正当な理由」があるとは認められないと考えられる。

例えば、平成４年12月９日裁決裁事44集は、「請求人は、自らの意思と責任において本件相続に係る相続税の申告をＢ男に任せ、Ｂ男は、請求人の代理人としてＡ税理士に本件当初申告書の作成を依頼して本件当初申告書を作成させ、これを提出したものである以上、たとえＡ税理士の過誤によって本件当初申告が過少申告となったとしても、本件当初申告書は請求人の責任において提出されたものであ」るとして、過少申告が申告書の作成等を依頼された税理士の過誤に起因するとしても、「正当な理由」（現行通則法65⑤）があるとは認められないとしている。

なお、税理士等の税務代理人が納税者から金銭を詐取するために過少申告等を行った場合、例えば、税理士が税務職員と共謀し、過少申告を行った事例（最判平成18年４月25日民集60巻４号1728頁）のように納税者の想定を越えるような状況が生じていた場合、「正当な理由」があると認められる可能性があると考えられる（他方、確定申告書を確認しなかった納税者本人に落ち度があるとして、「正当な理由」があるとは認められなかった事例（最判平成18年４月20日民集60巻４号1611頁））もある。

5　「正当な理由」（通則法65⑤）と解説書等との関係

Q22　課税庁の職員が執筆した解説書や書籍に記載されている内容と同様の税務上の処理を行った場合、当該処理に基づく過少申告については、「正当な理由」（通則法65⑤）があると認められるでしょうか。

A　認められない場合があると考えられる。例えば、最判平成16年７月20日訟月51巻８号2126頁では、同族会社の出資者の行った無利息貸付について、解説書の記載内容と問題となった事例の内容が異なることや、当時の裁判例から、課税庁の職員が執筆した解説書を信頼し、当該書籍の記載に基づいた申告書を提出したことは「正当な理由」（現行通則法65⑤）があったとは認めることはできないと判示した。

また、納税者が行った税務処理である、一時所得の計算上、法人が負担した支払保険料全額を控除することが許容される旨を記載した市販の解説書は存在するが、当該解説書が、税務当局あるいは当該職員が税務当局の官職名を明示した上で監修あるいは執筆されたものではないことや当該申告処理を採用すべき法令解釈上の具体的な根拠を示していたりするなどの事情は認められないこと等を考慮し、「真に納税者の責めに帰することのできない客観的な事情があり、過少申告加算税の趣旨に照らしてもなお納税者に過少申告加算税を賦課することが不当又は酷になるものとまでは認めることができず、『正当な理由があると認められる』場合に該当するとはいえない。」と判断されている（福岡高判平成25年５月30日税資263号順号12223（最判平成24年１月13日民集66巻１号１頁により差戻後控訴審））。

なお、税理士等の税務の専門家としては、①解説書等の記載事例と実際の事例（担当している事例）を比較し、両者の差異を検討することが求められること、②公表されている裁判例や裁決事例を確認することが求められること、さらに、③解説書等の記載内容は、執筆者個人の見解であることを考慮すると、当該解説書等の記載のみを根拠として、過少申告について、「正当な理由」があったと認められるものであると主張することは困難ではないかと考えられることに留意しておくべきであろう。

6　係争中の不動産と過少申告加算税との関係

Q23　特定の不動産が係争中のため当該不動産を含めず相続税に係る申告を行い、結果として、過少申告となった場合、「正当な理由」（通則法65⑤）があると認められますか。

A「正当な理由」（通則法65⑤）があるとは常に認められないのではないかと考えられる。

係争中の不動産に係る相続税の過少申告について、「正当な理由」があるとは認められないとした東京地判平成７年３月28日訟月47巻５号1207頁は、「原告らが、本件不動産は、所有権の帰属について別件訴訟で係争中であるから、それを申告すべき義務を負わないものと誤解したとしても、そのような事情は、原告らが法令解釈を誤解したことによるものにすぎず、右事情をもって通則法65条４項〔著者注：現行５項〕にいう『正当な理由』に当たるということはできないというべきである。」と判示している（東京地判平成８年８月29日税資220号478頁も同旨）。

ただ、上記のような状況において、「正当な理由」があると認められる可能性があることについて、最判平成11年６月10日訟月47巻５号1188頁は、「相続財産に属する特定の財産を計算の基礎としない相続税の期限内申告書が提出された後に当該財産を計算の基礎とする修正申告書が提出された場合において、当該財産が相続財産に属さないか又は属する可能性が小さいことを客観的に裏付けるに足りる事実を認識して期限内申告書を提出したことを納税者が主張立証したときは、国税通則法65条４項〔著者注：現行５項〕にいう『正当な理由』があるものとして、同項の規定が適用されるものと解すべきである。」と判示している。

また、「正当な理由」があると認められるとされる具体的な事情等として、「申告した税額に不足が生じたことについて、通常の状態において納税者が知りえなかった場合」（大阪地判平成５年５月26日税資195号544頁）、「災害、盗難等に関し申告当時損失とすることを相当としたものが、その後予期しなかつた保険金等の支払いを受け、若しくは、盗難品の返還を受けたため修正申告し、若しくは、更正を受けた場合等、申告当時適法とみられた申告が、その後の事情の変更により、納税者の故意過失に基づかずして過少申告となつた場合」（大阪高判平成２年２月28日税資175号976頁）、あるいは、「相続開始時点において本件家屋の登記上の名義は本件孫名義であり、請求人自身が関与税理士として本件家屋の売買に係る譲渡所得の申告を行っていたことに加え、当該売買以前から本件家屋には、本件被相続人ではなく譲受人である本件孫が居住していたことからすると、請求人は、本件家屋に係る本件被相続人と本件孫との間の売買契約が有効に成立し、本件家屋の所有権が本件孫に移転したと誤信せざるを得ない事情があったといわざるを得ない。加えて、本件家屋の売買代金が実質的に支払われていないことを把握し得た時点が、相続税の申告期限後であったこと」（令和３年６月24日裁決裁事123集）が示されている。

したがって、申告時の納税者をめぐる事情等を踏まえ、納税者自身の判断や税額の計算が合理的なもの（妥当なもの）であるということを説明できる準備や当該納税者の判断の根拠を説明できることが求められると思われる。

7 「正当な理由」（通則法65⑤）と役員による横領との関係

Q24 過少申告の原因が、役員による横領であった場合、当該過少申告について、「正当な理由」（通則法65⑤）があると認められるのでしょうか。

A 例えば、横領を行った役員が経理担当役員でかつ代表取締役の地位であった場合、当該役員は法人（会社）の申告についての責任者であることから、「正当な理由がある場合」に該当しないとされている（最判昭和43年10月17日訟月14巻12号1437頁）。

過少申告加算税の免除事由（軽減事由）（「更正があるべきことを予知してされたものでない」関係等）

1 「調査」（通則法65①等）の意義

Q25 「調査があつたことにより当該国税について更正があるべきことを予知してされたものでないとき」（通則法65①・⑥）の「調査」は、「実地の調査」（通則法74の９①等）に限定されるのでしょうか。

A 国税通則法65条１項や６項の「調査」は、「実地の調査」に限定されるものではない（**第３章理論編Ⅳ3**・72頁参照）。

例えば、国税通則法65条６項の「調査」とは、「ここにいう調査とは、課税標準等又は税額等を認定するに至る一連の判断過程の一切を意味し、課税庁の証拠資料の収集、証拠の評価あるいは経験則を通じての課税要件事実の認定、租税法その他の法令の解釈適用を含む税務調査全般を指すものと解され、いわゆる机上調査のような租税官庁内部における調査をも含むものと解される。」（東京高判平成17年４月21日訟月52巻４号1269頁）や「確定申告書を調査検討して控訴人の過少申告を発見することは、右『調査』に該当するといえる」（大阪高判平成２年２月28日税資175号976頁）として、「実地の調査」に限定されるものではないとされている（平成24年３月７日裁決裁事86集も同旨）。

また、類似するものとして、納税者の勤務先から提出された資料から算定されるインセンティブ報酬の金額と申告書に記載された給与所得の収入金額を比較検討すること等は「その申告に係る国税についての調査」があった場合に該当するとされた事例（令和５年12月７日裁決裁事133集）がある。

なお、東京高判令和２年３月４日税資270号順号13389は、「通則法65条５項〔著者注：現行６項〕の『調査』とは、同法74条の２から74条の６までに掲げる税目に関する法律の規定に基づき、特定の納税義務者の課税標準等又は税額等を認定する目的その他国税に関する法律に基づく処分を行う目的で職員が行う、証拠資料の収集、要件事実の認定、法令の解釈適用等の一連の行為を指すと解すべきであり、〔…中略…〕本件非違事項指摘等は、事前通知を欠いていたことを考慮しても、なお通則法65条５項〔著者注：現行６項〕の『調査』に当たると認められる。」として事前通知の有無は、「調査」（通則法65⑥）の該当性の判断に影響しないとしている。

２ 「調査」（通則法65①等）の主体

Q26 「調査があつたことにより当該国税について更正があるべきことを予知してされたものでないとき」（通則法65①・⑥）の「調査」を行う主体（職員）について、申告書の提出先である税務署の当該職員以外の職員が行う調査、例えば、国税局査察部の職員（犯則調査を行う職員）が行う調査である犯則調査（通則法131等）も含まれるのでしょうか。

A 確定申告書の提出先である税務署の当該職員以外の職員（例えば、国税局査察部や課税部等の職員）が行う調査も国税通則法65条１項・６項の「調査」に含まれる。

国税通則法65条６項の「調査」を行う主体に関して、例えば、「国税通則法第65条第３項〔著者注：現行６項〕に規定する『その申告に係る国税についての調査があったことにより当該国税についての更正があるべきことを予知してされたもの』の意義は、正当な権限を有する収税官吏の当該納税義務者又は徴収義務者に対する所得税、法人税その他直接税に関する実地又は呼出し等の具体的調査により、当該所得金額等に脱漏があることを発見された後になされた申告を指すものと解されるから、国税査察官による請求人の法人税法違反けん疑のための調査により当初申告の所得金額に脱漏が発見された後に提出された修正申告書はこれに該当するので、当該修正申告書による増差税額に重加算税を賦課決定した原処分は相当である。」（昭和46年８月９日裁決裁事３集）として、税務署の当該職員以外の課税庁の職員が行う調査も含むものとされている。

また、「調査」（通則法65①・⑥）の対象や範囲等について、確定申告書を提出した納税者を対象とする調査に限定されておらず、例えば、東京高判令和３年９月15日税資271号順号13603では、「調査」については、確定申告書を提出した納税者を犯則嫌疑者とする犯則調査に限定すべき理由はないとしている。

ただ、課税庁の職員の行うすべての税務調査（調査）が、常に「調査」（通則法65①・⑥）を意味するものではなく、例えば、「『調査』は、納税者の修正申告等の自発性の否定につながる内容のものであること、すなわち申告漏れの発見につながるものであることを要するものと解すべき」（東京地判令和３年５月27日訟月69巻６号715頁）とした裁判例がある。

なお、税務署の調査を受けた後、当該職員による指導に基づき、法人税の修正申告書を提出し、同時に、法人事業税についても修正申告を行った場合において、「申告書または修正申告書の提出が道府県知事による納税義務者に対する当該事業税に関する具体的調査が行なわれた後になされた場合ばかりではなく、同一人に対する法人税に関する国税官署による具体的調査が行なわれた後に右調査の事実を認識してなされた場合も含まれると解するのが相当である。けだし、法人の事業税の課税標準となる所得の算定は、特別の定めのない限り法人税の課税標準所得計算の例による」として、法人事業税に関する調査を受けていないとしても、法人税の調査後に提出された事業税の修正申告は「更正があるべきことを予知してされたものでないとき」（現行地法72の47④、72の46①ただし書）に当たらないとされている（東京

高判昭和56年９月28日行集32巻９号1689頁）。

３ 「調査」（通則法65①等）の対象税目

Q27 「その申告に係る国税についての調査」（通則法65①・⑥）と規定されていることから、「更正があるべきことを予知してされたもの」か否かが問題（争点）となる調査の対象税目は、修正申告書を提出した税目と同一の税目に係る調査に限定されるのでしょうか、あるいは、他の税目に係る調査も含まれるのでしょうか。

A 国税通則法65条１項・６項の「調査」には、同一の税目に限定されず、他の税目に係る調査も含まれると解されている。最近の事例として、国外財産に係る相続税の調査が、当該国外財産から生じる相続人の所得税に係る調査を実質的に含むものであるとした事例（東京地判令和３年５月27日訟月69巻６号715頁）や確定申告書を提出した国税と同一の国税に関する犯則調査に限定すべき理由はないとした事例（東京高判令和３年９月15日税資271号順号13603）がある。

上記の事例を踏まえれば、仮に、特定の法人の法人税の支出（損金）に係る調査（例えば、支払給与の損金該当性に係る調査）が行われている場合、国税通則法65条１項・６項の「調査」には、法人税の調査のみならず、当該法人から従業員等に対する支払いに関する源泉所得税に係る調査、あるいは、当該法人の仕入税額控除に関する消費税に係る調査も含まれる場合もあると解される。

４ 「調査」（通則法65①等）と反面調査との関係

Q28 取引先等に対する調査（いわゆる反面調査）も「調査」（通則法65①・⑥）に含まれるのでしょうか。

A 「調査」（通則法65①・⑥）の意味や範囲として、納税者の取引先への調査である反面調査も含まれると解されている。例えば、金融機関や取引関係者に対する調査も国税通則法65条６項の「調査」に該当するとされている（東京高判平成14年９月17日訟月50巻６号1791頁）。この事例を踏まえれば、納税者に実地の調査が行われていない場合であっても、その納税者の取引先に対して反面調査が行われていれば、国税通則法65条６項の「調査」に該当することになる。

5 更正予知と課税庁の職員（当該職員）への相談のタイミングとの関係

Q29 実地の調査が行われる前の段階で、申告漏れを把握した場合、当該申告漏れの状況を課税庁の職員（当該職員）に相談や説明すれば、加算税の免除や軽減の対象となる可能性はありますか。

A 例えば、実地の調査が行われる前に、納税者から当該職員に事前に相談が行われ、当該相談の時点で申告漏れの金額が把握されていたような場合、調査自体は行われているが、更正予知に該当しないとされ、国税通則法65条６項の規定が適用された事例（平成23年５月11日裁決裁事83集）がある。この裁決は、「F専務は、少なくともG税務署で面談職員らに事前説明した平成21年10月19日頃までには本件水増しのすべてを把握し、修正申告をする決意をし、事前説明の際には、面談職員らに対して、本件水増しについて説明した上、調査を求め、それに基づいて同月22日に本件調査が行われたものと認められるから、請求人は、自発的に修正申告書を提出する決意を有しており、その請求人の修正申告の決意は、F専務の面談職員らに対する事前説明において、客観的に明らかになったものということができる。」として、「本件修正申告書の提出は、申告漏れの事実について自発的にしたものであり、調査があったことにより更正があるべきことを予知してされた修正申告書の提出には当たらない。」と示している（類似の事例として、平成22年６月22日裁決裁事79集）。

上記のような事例を考慮すると、仮に、実地の調査が行われる前の段階、特に、調査通知が行われていない段階で、従業員や役員の横領行為等を会社側が把握した場合、国税通則法65条６項の適用により、加算税の賦課（負担）を避けるためには、課税庁（例えば、所轄税務署の統括国税調査官）や調査担当者（当該職員）に当該横領の事実及び修正申告を行うことを速やかに連絡することや相談することが必要であると考えられる。

また、仮に、調査通知が行われた場合であっても、国税通則法65条１項かっこ書の適用により、加算税の賦課（負担）を軽減するためには、上記のような課税庁への連絡や相談が必要になると思われる。

なお、現行法上、課税庁の調査は、特定の納税者を対象とする調査に限定されていないことから、例えば、特定事業者等への報告の求め（通則法74の７の２）や当該職員の事業者等への協力要請に基づく調査（任意調査）（通則法74の12）の場合、①特定の納税者を対象とした調査とは必ずしもいえないこと（調査の態様によっては、一般的な情報収集行為といえること）、②仮に、調査対象となった事業者から納税者に対して調査の有無や調査の内容に係る連絡がない限り、当該納税者は当該調査が行われたことを把握することは通常困難であることを考慮すると、当該調査が行われたことをもって、ただちに、更正予知に該当するとはいえないものと考えられる。

ただ、調査対象となって特定事業者から利用者や取引先等に対して、例えば、上記のような調査があり、取引金額が●●円以上の個人等に関しては、多額の申告漏れが把握されたといった調査の内容に関する連絡が特定の納税者に行われた後、当該納税者が修正申告書を提出した場合、当該修正申告書の提出は更正予知に該当するものと判断されるのではないかと思われる。

6 「調査」（通則法65①・⑥）と税務署からの連絡との関係

Q30 提出した確定申告書に関して、計算誤りがあるのではないかという連絡が税務署からありましたが、このような連絡は「調査」（通則法65①・⑥）に該当するのでしょうか。

A 例えば、「提出された納税申告書に法令により添付すべきものとされている書類が添付されていない場合において、納税義務者に対して当該書類の自発的な提出を要請する行為」や「当該職員が保有している情報又は提出された納税申告書の検算その他の形式的な審査の結果に照らして、提出された納税申告書に計算誤り、転記誤り又は記載漏れ等があるのではないかと思料される場合において、納税義務者に対して自発的な見直しを要請した上で、必要に応じて修正申告書又は更正の請求書の自発的な提出を要請する行為」は、課税庁の取扱い（調査通達１－２（「調査」に該当しない行為））において、「調査」（通則法65①・⑥）に該当しないとされている（こうした行為は、「行政指導」（行手法第４章）に該当する）。

したがって、上記のような連絡のみに起因して、納税者が修正申告書を提出し、自主的に納付した場合には、当該修正申告書等の提出は更正もしくは決定又は納税の告知があるべきことを予知してなされたものには当たらないとされている（調査通達１－２）。

7 「調査」（通則法65①・⑥）と書面添付制度で行われる意見聴取との関係

Q31 税理士法上の書面添付制度（税理士法35）で行われる意見聴取は、「調査」（通則法65①・⑥）に該当するのでしょうか。

A 税理士法上の書面添付制度（税理士法35）で行われる意見聴取は、「調査」（通則法65①・⑥）に該当しない。したがって、意見聴取の段階で申告内容等の誤りに気づき、調査通知前に自主的に修正申告をした場合には、原則として過少申告加算税は賦課されない。これについて、「個人課税部門における書面添付制度の運用に当たっての基本的な考え方及び事務手続等について（事務運営指針）」第２章第２節３では、「意見聴取における質疑等は、調査を行うかどうかを判断する前に行うものであり、特定の納税義務者の課税標準等又は税額等を認定する目的で行う行為に至らないものであることから、意見聴取における質疑等のみに基因して修正申告書が提出されたとしても、当該修正申告書の提出は更正があるべきことを予知してされたものには当たらない」とされている。

8 修正申告の勧奨と更正予知との関係

Q32 修正申告書の提出のタイミングについて、いわゆる修正申告の勧奨後（通則法74の11③）の修正申告書の提出は、「更正があるべきことを予知してされたもの」（通則法65①・⑥）として、過少申告加算税の軽減は認められないのでしょうか。

A 修正申告の慫慂（＝勧奨）後の修正申告書の提出については、加算税に係る免除規定の適用は認められないとされている（最判平成11年６月10日訟月47巻５号1188頁。類似の裁決事例（平成６年３月30日裁決裁事47集））。

なお、税務調査の終了後、当該職員による修正申告の勧奨後、当該職員が指摘した事項とは無関係に、納税者が自発的に新たな事実に基づいて修正申告をした場合に関して、「一般に、調査があったことにより更正があるべきことを予知して修正申告をせざるを得ない状況に追い込まれたことによって、納税者が、より正確な新たな事実を明らかにしたという関係がある場合は、右新たな事実について納税者の側から申告し、これによって修正申告書を提出したとしても、右は同法65条５項〔筆者注：現行６項〕に該当するとはいえないと解すべきである。」として、このような申告は自発的なものとはいえず、「更正があるべきことを予知してされたもの」（通則法65⑥）とされている（鳥取地判平成４年３月３日訟月38巻10号1960頁）。

9　修正申告書の提出のタイミングと「更正があるべきことを予知したものでないとき」との関係

Q33 具体的にどのタイミングで提出した修正申告書が「更正があるべきことを予知したものでないとき」（通則法65①・⑥）に該当するものとして認められるのでしょうか、あるいは、どのような状況での修正申告書の提出であれば、加算税の免除や軽減が認められるのでしょうか。

A「調査が進行し、更正に至るであろうことを客観的に相当程度の確実性をもって認識する以前に修正申告を決意し、修正申告書を提出することが必要であると解すべきである（客観的確実性説）」（金子・租税法907頁）といった考え方に基づき、修正申告書の提出が「更正があるべきことを予知したものでないとき」に該当するか否かが判断されると思われる（東京高判昭和61年６月23日行集37巻６号908頁等）（**第３章理論編Ⅳ③**・72頁参照）。

上記の考え方について、例えば、最近の事例である東京地判令和３年５月27日訟月69巻６号715頁は、「その申告に係る国税についての調査があったことにより当該国税について更正等があるべきことを予知してされたものでないとき」とは、税務職員が申告に係る国税についての調査に着手し、その申告又は無申告が不適正であることを発見するに足るかあるいはその端緒となる資料を発見し、これによりその後の調査が進行し申告漏れの存することが発覚し更正等に至るであろうということが客観的に相当程度の確実性をもって認められる段階（客観的確実時期）に達した後に、納税者がやがて更正等に至るべきことを認識した上で修正申告等を決意し修正申告書等を提出したものでないことをいうものと解するのが相当である。」とした上で、「申告又は無申告が不適正であることを発見するに足るかあるいはその端緒となる資料を発見し、これによりその後の調査が進行し申告漏れの存することが発覚し更正等に至るであろうということが客観的に相当程度の確実性をもって認められる段階（客観的確実時期）に達すれば足り、申告漏れの所得金額を正確に把握し、更正等を行うに足りる資料が全て揃っていることまでは要しない」と判示している。

また、調査開始後の修正申告書の提出に係る事例である東京地判平成24年９月25日判タ1388号173頁は、客観的確実時期に達していたというためには、届出書の不提出が発見されるであろうことが客観的に相当程度の確実性をもって認められる段階に達していたことが必要であるというべきであるとした上で、調査担当者が減価償却計算の適否に係る調査を行っていたとしても、修正申告書が提出された時点では、問題となっている届出書の不提出が発見されるであろうことが客観的に相当程度確実であったとは認められないことから、いわゆる客観的確実時期には達していなかったものというべきであると判示している（他方、法人税調査の時点で修正申告に係る申告書の提出を確定的に決意していたかどうか疑問であるとして、修正申告書の提出は「更正があるべきことを予知してされたもの」であると判断された事例（東京地判昭和56年７月16日行集32巻７号1056頁）もある）。

上記の事例等を踏まえると、調査開始の段階は、ただちに、「客観的に相当程度の確実性をもって認められる段階に達していたこと」とは必ずしもいえず、調査の具体的な進捗状況と修正申告の具体的な内容との関係を踏まえ、「更正等があるべきことを予知したものでないとき」に該当するか否かが判断されると考えられる。例えば、金融機関における税務調査（反面調査）後、当該金融機関から当該税務調査の内容に係る連絡を受けた後、納税者が修正申告書を提出した場合、「更正があるべきことを予知したもの」の段階に該当すると思われる（Q27（105頁）参照）。

したがって、過少申告加算税の免除（軽減）を求める上で、修正申告書を提出する時機（タイミング）や修正申告書の内容を調査担当の職員（当該職員）に伝達するタイミングが重要になる。

Ⅳ 過少申告加算税の加重措置等

[1] 加算税の加重措置と国外財産調書等の書類の提出との関係（書類の提出の順番）

Q34 他の制度との関係（例えば、国外財産調書の提出等）で留意すべき点はありますか。

A 国外財産調書等の書類の提出との関係、具体的には、書類を提出する順番に留意する必要がある。例えば、調査があったことにより更正があるべきことを予知してされたものではない修正申告書（現行通則法65⑥）の提出後、提出期限を徒過していた国外財産調書を提出した場合、国税通則法65条５項の適用により、同条１項の規定が適用されない場合であっても、加重措置（現行国外送金等調書法６③）が適用されるとした裁決例がある（平成29年９月１日裁決裁事108集：類似（参考）の裁決例：令和３年３月26日裁決裁事122集））（**第３章理論編Ⅴ**1 2・75～76頁参照）。

また、「重要なものの記載が不十分である」（国外送金等調書法６③二）と認められる場合とは、①「国送法施行規則第15条第１項が規定する記載すべき事項について誤りがあり、又は記載すべき事項の一部に記載漏れがあることにより、修正申告等の基因となる財産又は債務の特定が困難である場合をいうものと解され」ること、②同趣旨の「内国税の適正な課税の確保を図るための国外送金等に係る調書の提出等に関する法律（国外財産調書及び財産債務調書関係）の取扱いについて（法令解釈通達）」（平成25年３月29日課総８－１ほか）６の３－３の取扱いは相当であるとした上で、納税者が国外に保有する不動産に係る記載について、当該物件の種類欄や用途欄の記載に誤りがあり、また、所在地や戸数、床面積についても記載に誤りがあり、又は記載がない場合、このような記載内容は、国外財産調書に記載すべき事項のうち「重要なものの記載が不十分である」と認められるとされた事例（令和５年12月７日裁決裁事133集）がある。

2　帳簿の不提示等による加重措置の適用の免除等（通則法65④等）

Q35 税務調査において、帳簿を提示しなかった場合、帳簿の不提示による加重措置の適用が常に適用されるのでしょうか。

A 災害等により納税者が帳簿を提出できないといった「納税者の責めに帰すべき事由がない場合」（通則法65④柱書かっこ書、66⑤柱書かっこ書）を除き、当該納税者に対して過少申告加算税等の加重措置が適用されることから、税務調査において、納税者が帳簿を提示しなかった場合、帳簿の不提示による加重措置が適用されると考えられる。

3　10%の加重措置の対象となる申告漏れの金額（通則法65④）

Q36　帳簿の提出がない場合等の加算税の加重措置（通則法65④）の適用により、10%の加重措置の対象となる部分は、具体的にどの部分でしょうか、納付すべき税額の全部に対する加算税が対象となるのでしょうか。

A　実際に記帳された金額が本来記載すべき金額の２分の１未満、あるいは、３分の２に満たない場合、申告漏れとなっていた金額に関して新たに納付すべき税額を基礎として課される過少申告加算税の割合に10%（５%）が加重されることとされている（通則規11の２④・⑤）。

例えば、「本来記載等をすべき売上金額が2,000万円であったにもかかわらず、実際には800万円しか記載等がされておらず、その結果、申告漏れが生じていた場合には、本来記載等をすべき金額の２分の１未満だった場合に該当することから、申告漏れとなっていた1,200万円に対して新たに納める必要のある所得税額を基礎として課される過少申告加算税の割合が10%加重されることとなります。」（Q&A１）といった説明がされている（図表３－６）。

■図表3－6　加重措置の対象

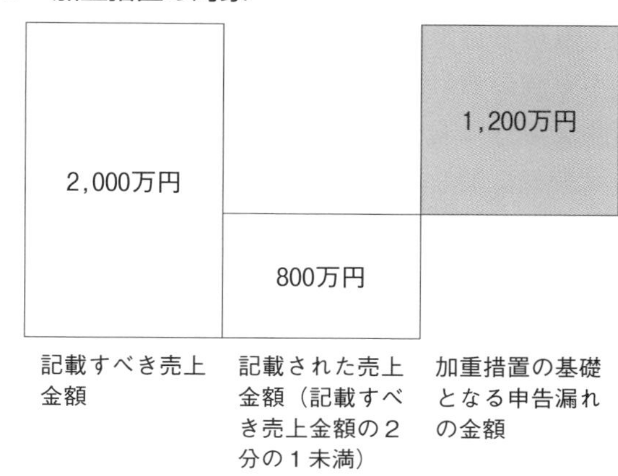

4　10%の加重措置の対象となる納税者（通則法65④）

Q37 帳簿の提出がない場合等の加算税の加重措置（通則法65④）の対象となる場合とはどのような場合でしょうか、例えば、どのような納税者が対象となるのでしょうか。あるいは、「売上げ（業務に係る収入を含む。）」（通則規11の2②）の意味とは何でしょうか。

A 帳簿の提出がない場合等の加算税の加重措置（通則法65④。以下、本問において「本加重措置」という）の対象となる納税者は、個人については帳簿の備付け・保存義務がある①事業所得、②不動産所得又は③山林所得の所得を生ずべき業務を行う事業者が、所得税について本措置の対象となる（Q＆A5）。

なお、業務に係る雑所得を有する場合で、その年の前々年分の業務に係る雑所得の収入金額が300万円を超える者は、現金預金取引等関係書類を保存する必要がある（所法232②、所規102⑦）が、本加重措置の対象ではないとされている（Q＆A5（注））。

ただ、「帳簿」の意味に関して、例えば、消費税法上の事業者が備付け及び保存しなければならない帳簿（消法30⑦・⑧一）等が該当することが規定されている（通則規11の２①六）（令４改正解説764頁）ので、雑所得を生ずるべき業務を行う個人が消費税法上の事業者と判断される場合、消費税に関しては、本加重措置の対象となる（Ｑ＆Ａ５（注）、８（注））（**第３章理論編Ⅲ7**・66頁参照）。

5 10%の加重措置の対象とならない帳簿の保存等（通則法65④）

Q38 特定の帳簿について、適切に提示等できなかった場合であっても加算税の加重措置（通則法65④）の対象とならない場合があるのでしょうか。

A 例えば、青色申告者が備付け及び保存が法令上必要とされている仕訳帳及び総勘定元帳を両方とも提示等をすることができないような場合については、本加重措置は、複式簿記による記帳を行うものとして青色申告の承認を受けている場合であっても、必ずしも仕訳帳・総勘定元帳のみによって判断するわけではなく、売上げの確認ができるその他の帳簿も確認して判断することとなるので、仕訳帳及び総勘定元帳を備え付けるべき青色申告者がそれらの提示等ができなかったとしても、適正な売上金額についてその他の帳簿に記載等がされていれば、本加重措置に基づいて加算税が加重されることはないとされている（Ｑ＆Ａ13）。

6　帳簿の提出がない場合等の加算税の加重措置（通則法65④等）の対象と事実の隠蔽・仮装（通則法68①等）との関係

Q39 過少申告や無申告であり、また、帳簿の不記帳等を理由に事実の隠蔽や仮装があったものとして重加算税賦課決定がされるといわれましたが、このような場合、帳簿の提出がない場合等の加算税の加重措置（通則法65④、66⑤）の対象となるのでしょうか。

A 国税通則法65条４項に基づき過少申告加算税が加重、あるいは、国税通則法66条５項に基づき無申告加算税が加重される場合であっても、事実の隠蔽等の要件（通則法68①等）を満たし、重加算税が賦課される場合、加重された過少申告加算税等に代えて、重加算税が課されることとなる（通則令27の３①・②）（令４改正解説766頁）。なお、帳簿の提出がない場合等の加算税の加重措置（通則法65④、66⑤等）は、過少申告加算税及び無申告加算税に対する加重措置であるので、それらに代えて課される重加算税にさらに加重されることはない。

第4章
無申告加算税

理論編

本章では、期限後申告書の提出又は決定があった場合等に課される「無申告加算税」について詳しく解説しよう。

Ⅰ 無申告加算税の課税要件

1 総　　説

無申告加算税は、次の２つの場合に課される（通則法66①）。なお、無申告加算税の賦課に当たっては、無申告の意図ないし認識の有無は問われていない。

〈無申告加算税の課税要件〉
①　期限後申告書の提出又は決定があった場合
②　期限後申告書の提出又は決定があった後に、修正申告書の提出又は更正があった場合

ただし、②については、期限内申告書の提出がなかったことについて正当な理由があるとき、又は法定申告期限内に申告する意思があったと認められるときは、過少申告加算税が課される（通則法65①かっこ書）。

2 到達主義か発信主義か

国税通則法上、法定申告期限までに税務署長に提出する納税申告書

を「期限内申告書」と定義づけ（通則法17②)、期限内申告書の提出期限後において提出する納税申告書を「期限後申告書」と定義づけている（通則法18②)。このことから、無申告加算税の賦課を判断する上で、納税者の提出した申告書が法定申告期限内に提出されたものであるか否かが問題となる。特に、納税者が郵送等により提出した申告書の提出日が、どのような基準に基づいて判断され、期限内に提出された申告書と認められるか否かが問題になる。

納税申告書等の提出の効力発生時期については、税法上に規定が設けられていないことから、民法上の原則である到達主義（民法97）により判断されることになる。ただし、郵便又は信書便により提出される納税申告書に関しては、現在の郵便事情等を考慮して、特例として、郵便物等の通信日付印（いわゆる消印）により提出時期が判断される(通則法22)。すなわち、郵便等により提出される納税申告書については、実際に税務署長が受領した日ではなく、郵便物等の通信日付に税務署長が受領したものとみなされ、実質的には発信主義に準ずる効果がある（**Q40**、**Q41**（136～138頁）参照)。

なお、電子申告の場合は、情報通信技術を活用した行政の推進等に関する法律６条３項において「電子情報処理組織を使用する方法により行われた申請等は、当該申請等を受ける行政機関等の使用に係る電子計算機に備えられたファイルへの記録がされた時に当該行政機関等に到達したものとみなす。」とされているので、国税庁のサーバーに申告書等のデータが記録された時点で「到達」したということになる。

したがって、実務上は、e-Taxで法定申告期限内（期限日の23時59分まで）に確定申告書を送信し受付完了すれば、期限内申告として扱われる。

Ⅱ 無申告加算税の割合

1 通常の割合

無申告加算税の増差本税に対する通常の課税割合は、15%である（通則法66①本文）。ただし、期限後申告・決定により納付すべき税額が50万円を超える部分がある場合には、その超える部分は５％加重されて20%となる（通則法66②）。なお、この期限後申告・決定により納付すべき税額については、その期限後申告・決定があった後に修正申告・更正があったときは、その国税に係る累積納付税額を加算した金額となる（通則法66②かっこ書）。ここで「累積納付税額」とは、無申告加算税を計算しようとする期限後申告・決定後の修正申告・更正の前にされた国税について、次の納付すべき税額の合計額をいう（通則法66④）。ただし、納付すべき税額を減少させる更正等により減少した部分の税額に相当する金額は、その合計額から控除される（通則法66④柱書かっこ書）。

〈累積納付税額＝❶＋❷〉

❶ 期限後申告・決定に基づき納付すべき税額

❷ 修正申告・更正に基づき納付すべき税額

このように、まず、通常の割合が過少申告加算税（10%）よりも高く設定されている趣旨は、無申告は、過少申告とは異なり、申告義務を果たしていないという意味で、申告納税制度の根幹を揺るがす重大な違反行為であるからである。また、５％加重する割合が設けられている趣旨としては、期限内申告の促進や無申告の抑止の見地から、無申告加算税の割合を、少なくとも期限内申告を前提としている過少申告加算税の割合（15%）よりも高くする必要があるからである（精解814頁）。

2 高額な無申告に対する加重割合

以上は無申告加算税の通常の割合であるが、これが令和５年度税制改正において見直され、高額な無申告に対する割合が引き上げられた（以下、2において「本改正」という）。本改正は、令和６年１月１日以後に法定申告期限が到来する国税について適用されている。したがって、例えば、所得税については令和５年分から、法人税については10月決算法人の場合には令和５年10月決算期分から、それぞれ適用される場面が生じ得ていることとなる。

本改正では、社会通念に照らして申告義務を認識していなかったとはいい難い規模の高額無申告について、納税額（増差税額）が300万円を超える部分のペナルティとして無申告加算税の割合が30%に引き上げられた（通則法66③三）（図表４－１）。

■図表４－１　高額な無申告に対する無申告加算税の割合の引上げ

納税額	50万円以下	50万円超～300万円以下	300万円超
改正前	15%	20%	
↓ 改正後	同上	同上	30%（※1）

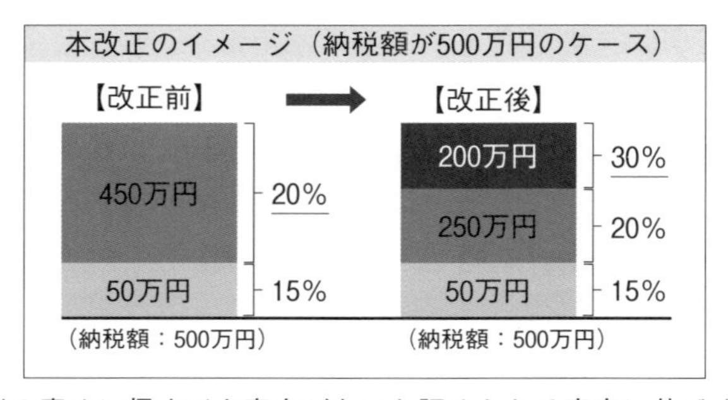

※1　納税者の責めに帰すべき事由がないと認められる事実に基づく税額（例えば、相続税事案で、本人に帰責性がないと認められる事実に基づく税額（相続人が一定の確認をしたにもかかわらず、他の相続人の財産が事後的に発覚した場合において、その相続財産について課される税額））については、上記の300万円超の判定に当たっては除外される。

（出典）　財務省作成資料を基に作成

ただし、このペナルティについては、高額無申告を発生させたことについて納税者の責めに帰すべき事由がない場合には適用しないこととされている（20%となる。通則法66③柱書かっこ書）。ここで「納税者の責めに帰すべき事由がないと認められるものがあるとき」（通則法66③柱書かっこ書）とは、税目ごとに、次に掲げるような事実があると認められるときが該当するものと解されている（過少加算税指針（所）第２の３・第１の３、過少加算税指針（法）第２の３・第１の３、過少加算税指針（相）第２の３・第１の１）。ただし、このうち①及び④については、税法の不知・誤解又は事実誤認に基づくものはこれに当たらないとされている（**Q46**～**Q48**（141～143頁）参照）。

〈納税者の責めに帰すべき事由がないと認められる事実等〉

① **〔申告所得税・法人税〕**

税法の解釈に関し、申告書提出後新たに法令解釈が明確化されたため、その法令解釈と納税者の解釈とが異なることとなった場合において、その納税者の解釈について相当の理由があると認められること。

② **〔申告所得税〕**

確定申告の納税相談等において、納税者から十分な資料の提出等があったにもかかわらず、税務職員等が納税者に対して誤った指導を行い、納税者がその指導に従ったことにより過少申告となった場合で、かつ、納税者がその指導を信じたことについてやむを得ないと認められる事情があること。

③〔法人税〕

調査により引当金等の損金不算入額が法人の計算額より減少したことに伴い、その減少した金額を認容した場合に、翌事業年度においていわゆる洗替計算による引当金等の益金算入額が過少となるためこれを税務計算上否認（いわゆるかえり否認）したこと。

④〔相続税・贈与税〕

税法の解釈に関し申告書提出後新たに法令解釈が明確化されたため、その法令解釈と納税者（相続人（受遺者を含む）から遺産（債務及び葬式費用を含む）の調査、申告等を任せられた者又は受贈者から受贈財産（受贈財産に係る債務を含む）の調査、申告等を任せられた者を含む）の解釈とが異なることとなった場合において、その納税者の解釈について相当の理由があると認められること。

⑤〔相続税・贈与税〕

災害又は盗難等により、申告当時課税価格の計算の基礎に算入しないことを相当としていたものについて、その後、予期しなかった損害賠償金等の支払いを受け、又は盗難品の返還等を受けたこと。

⑥〔相続税・贈与税〕

相続税の申告書の提出期限後において、次の事由が生じたこと。

(1) 相続税法51条２項各号に掲げる事由

(2) 保険業法270条の６の10第３項に規定する「買取額」の支払いを受けた場合

本改正の趣旨は、申告納税制度の根幹を揺るがす重大な違反である無申告行為のうち善良な納税者の公平感を特に損なうおそれのあるものを未然に抑止する観点から見直されたものである（令５改正解説620頁）。

本改正に向けて開かれた政府税制調査会第９回納税環境整備に関する専門家会合（令和４年10月28日）*22では、「高額な所得を得ていながら無申告のままとしていた事例」として、会社員である個人がスマートフォンを使って先物取引を行い、同取引に係る多額の利益（１年で約２億円）を得たにもかかわらず、申告していなかった事例（納税者は、同取引から利益が生じていれば申告の必要があることを認識）や暗号資産の売買等の取引においても同様の高額無申告事例（３年間で約２億円の利益の無申告）が紹介されている。

そして、このような事例についての「問題点等」として「高額の利益を得ていながら無申告となっていた場合においても、申告時における仮装隠蔽行為や意図的に申告をしないことを外部からもうかがい得る特段の行動が認められたときには重加算税の対象となるが、こうした行為を認定できなければ通常の無申告加算税の対象となる。」と指摘されている。

また、「長年にわたって無申告となっていた事例」として、知人から飲食業を引き継いだ個人が５年間で約４億円の売上げがありながら、開業以来無申告のままだった事例（納税者は、調査において、各種帳簿を適切に作成しており、かつ、申告義務があることも認識していたが、多忙を理由に無申告のままとしていたと主張）が紹介されている。

そして、このような事例についての「問題点等」として「長年にわたり無申告を放置している場合においても、申告時における仮装隠蔽行為や意図的に申告をしないことを外部からもうかがい得る特段の行動が認められたときには重加算税の対象となるが、こうした行為を認定できなければ通常の無申告加算税の対象となる。」と指摘されている。

したがって、本改正は、以上のような問題点等に対処することがそのねらいであると考えられる。

---

*22　議事録や会議資料は、政府税制調査会のウェブサイト（納税環境整備に関する専門家会合2022年度）で確認することができる。以下、本段落では同会議資料を参照している。

Ⅲ 一定期間繰り返し行われる無申告行為等に対する加重措置

1 短期間に繰り返して無申告等が行われた場合の加重措置

期限後申告・修正申告（調査による更正等を予知してされたものに限る）又は更正·決定があった場合において、その期限後申告等があった日の前日から起算して５年前の日までの間に、その期限後申告等に係る税目について無申告加算税（調査による更正等を予知してされたものに限る）又は重加算税を課されたことがあるときは、その期限後申告等に基づき課する無申告加算税の割合について、それぞれその割合に10％加算することとされている（通則法66⑥一）。

この短期間に繰り返して無申告等が行われた場合の加重措置は、平成28年度税制改正により創設されたもので、重加算税についても同様の措置が講じられている（通則法68④一）（図表４－２）。その趣旨は、かつての無申告加算税や重加算税の割合が、無申告又は隠蔽・仮装が行われた回数にかかわらず一律であったため、意図的に無申告又は隠蔽・仮装を繰り返すケースも多かったことから、これに対応し、悪質な行為を防止する観点によるものである（精解815頁（注一））。

■図表4－2　短期間に繰り返して無申告・隠蔽仮装が行われた場合の加算税の加重制度

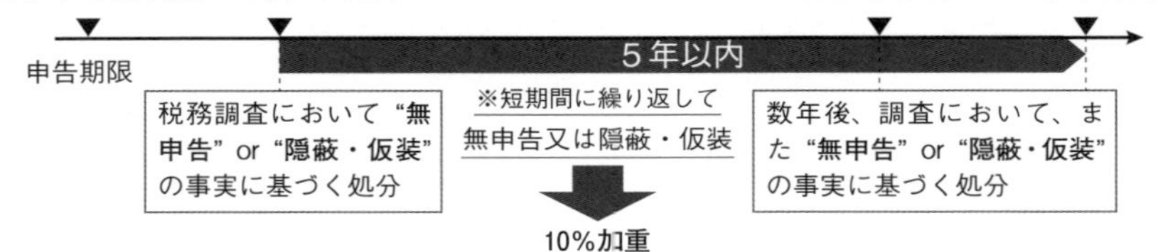

（出典）　財務省作成資料

②　一定期間繰り返し行われる無申告行為に対する加重措置

また、期限後申告書・修正申告書の提出（調査による更正又は決定を予知してされたものでない場合において、調査通知がある前に行われたものを除く）又は更正･決定（以下、②において「期限後申告等」という）に係る国税の課税期間の初日の属する年の前年及び前々年に課税期間が開始したその国税（課税期間のないその国税については、その国税の納税義務が成立した日の属する年の前年及び前々年に納税義務が成立したその国税）*23の属する税目について、無申告加算税（期限後申告書又は修正申告書の提出が、調査による更正又は決定を予知してされたものでない場合において、調査通知がある前に行われたものであるときに課されたものを除く）もしくは重加算税（以下「特定無申告加算税等」という）を課されたことがあり、又は特定無申告加算税等に係る賦課決定をすべきと認める場合におけるその期限後申告等に基づき課する特定無申告加算税等の額は、通常課される無申告加算税の額又は重加算税の額に、その期限後申告等に基づき納付すべき税額に10%の割合を乗じて計算した金額を加算した金額とされている

*23　この「課税期間」とは、国税に関する法律の規定により国税の課税標準の計算の基礎となる期間をいうが（通則法2九）、課税期間のない国税には、相続税や課税貨物の引取りに係る消費税等が該当する。

（以下、2において「本措置」という。通則法66⑥二、68④二）。なお、本措置と上述の「短期間に繰り返して無申告又は仮装・隠蔽が行われた場合の無申告加算税等の加重措置」（通則法66⑥一、68④一）の両方の加重措置の要件に該当した場合であっても、加重割合は20%とはならない（通則法66⑥、68④）（Q49（144頁）参照）。

本措置については、令和５年度税制改正において、上記Ⅱ2で解説した「高額な無申告に対する無申告加算税の割合の引上げ」と併せて、整備されたものである（図表４－３）。本措置も、「高額な無申告に対する無申告加算税の割合の引上げ」と同様に、令和６年１月１日以後に法定申告期限が到来する国税について適用されている。

■図表４－３　一定期間繰り返し行われる無申告行為に対する無申告加算税等の加重措置

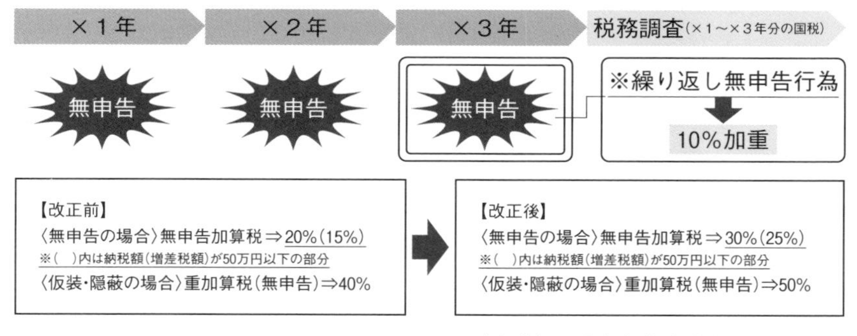

（出典）　財務省作成資料を基に作成

本措置は、無申告行為を繰り返す悪質性に着目して無申告加算税等を加重する措置だが、無申告加算税等が課される国税の課税期間が１年に満たない場合にも配意し、実質的に３年連続無申告行為が行われた場合（１年間に無申告行為を最低１度行い、それを３回繰り返した場合）を適用対象とするものである。これは、無申告行為を行った納税者に等しく、自らの無申告行為を是正する機会を与え、真に悪質な無申告行為を加重対象とする観点から、過去に特定無申告加算税等を課されたことがあるかどうか等の判定を期限後申告等に係る国税の課税期間の初日の属する年の前年及び前々年に課税期間が開始した国税等について行い、１度の無申告行為の判定期間は「１年間」とするものである（令５改正解説622頁）。

次に掲げる申告については、無申告加算税に係る本措置の対象外とされている（通則法66⑥）。

〈無申告加算税に係る本措置の対象外となる申告〉

① 期限内申告書の提出がなかったことについて正当な理由があると認められる期限後申告（通則法66①柱書ただし書）

② 法定申告期限内に申告する意思があったと認められる一定の期限後申告（通則法66⑨）

③ 調査による更正・決定を予知してされたものでない場合において、調査通知がある前に行われた期限後申告・修正申告（通則法66⑧）

このうち①及び②の申告については、無申告加算税自体が課されないことから（下記Ｖ[1] [3]参照）、本措置の対象外とされている。また、③については、本措置が悪質な無申告行為を繰り返す者に対する牽制効果を高める観点から行うものであり、調査による更正・決定の予知前において調査通知がある前にされる自発的な修正申告書・期限後申告書の提出についてまで効果を及ぼす必要はないと考えられるため、本措置の対象外とされている。他方、修正申告書・期限後申告書の提出が調査通知後にされた場合に課される無申告加算税については、調査通知がなければ、自発的な申告が行われていない可能性が高く、一定の悪質性が認められることから、本措置の対象とされている（令５改正解説623頁）（図表４－４）。

■図表４－４　本措置と調査通知の関係

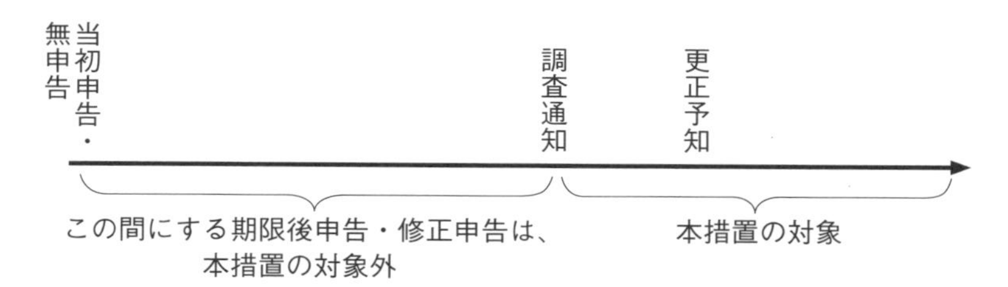

Ⅳ 帳簿の提出がない場合等の加重措置

また、令和４年度税制改正において、帳簿の提出がない場合等の無申告加算税の加重措置が講じられている。この加重措置についても、上記Ⅱ2及びⅢ2で解説した改正と同様に、令和６年１月１日以後に法定申告期限が到来する国税について適用されている。

この加重措置は、過少申告加算税においても同様に講じられているので、その内容や趣旨については、**第３章理論編Ⅲ**・55頁で過少申告加算税と併せて解説している。

Ⅴ 無申告加算税の免除等

過少申告加算税の場合と同様に、無申告加算税の趣旨に沿わないような場合にまで無申告加算税を賦課する必要はなく、また、無申告加算税の賦課が自発的な期限後申告の足枷になることもある。

そこで、1**正当な理由がある場合**、2**期限内申告の意思があった場合**及び3**調査によらない期限後申告等の場合**については、無申告加算税が免除ないし軽減されることとされている。

1　正当な理由がある場合

過少申告加算税の場合と同様に、期限内申告書の提出がなかったことについて正当な理由があると認められる場合は、無申告加算税は賦課されない（通則法66①柱書ただし書）。

「正当な理由」の意義については、**第３章理論編Ⅳ1**・69頁で解説した過少申告加算税の場合と同様に、次の２つのいずれにも該当する場合である。

> **〈「正当な理由」に該当する場合〉**
> ①　真に納税者の責めに帰することのできない客観的な事情がある場合
> ②　無申告加算税を賦課することが不当又は酷になる場合

このような「正当な理由」の該当性については、事務運営指針では、次の例示が掲げられている（過少加算税指針（所）第２の１、過少加算税指針（相）第２の１等）（**Q44**～**Q48**（140～143頁）参照）。

> **〈期限内申告書の提出がなかったことについて正当な理由があると認められる事実〉**
> 国税通則法66条の規定を適用する場合において、災害、交通・通信の途絶その他期限内に申告書を提出しなかったことについて真にやむを得ない事由があると認められるときは、期限内申告書の提出がなかったことについて正当な理由があるものとして取り扱う。
> （注）　相続税について、相続人間に争いがある等の理由により、相続財産の全容を知り得なかったこと又は遺産分割協議が行えなかったことは、正当な理由に当たらない。

2　調査によらない期限後申告の場合

期限後申告・修正申告書の提出が、調査があったことにより更正・決定があるべきことを予知してされたもの（以下「更正等予知」という）でない場合において、その調査に係る調査通知がある前に行われたものであるときは、その申告に基づく無申告加算税の割合は、5％に軽減される（通則法66⑧）。

ただし、期限後申告書等の提出が、調査通知後の更正等予知でない場合については、10％（納付すべき税額が50万円を超える部分は15％）の割合の無申告加算税が課される（通則法66①柱書かっこ書・②）

これらの措置は、**第3章理論編Ⅳ3**・72頁で解説した調査によらない修正申告の場合の過少申告加算税の不適用措置（通則法65⑥）に準じるものである。更正等予知や調査通知とはどの時点なのかという問題等についても、過少申告加算税の更正予知や調査通知の判断と同様に解することができる（過少加算税指針（所）第2の2・第2の7等）。

3　期限内申告の意思があった場合

期限後申告書の提出が、調査があったことにより決定があるべきことを予知してされたもの（以下「決定予知」という）でない場合において、期限内申告書を提出する意思があったと認められる次の場合に該当してされたものであり、かつ、法定申告期限から1か月を経過する日までに行われたものであるときは、無申告加算税は賦課されない（通則法66⑨、通則令27の2①）（**Q51**、**Q52**（146～148頁）参照）。

〈期限内申告書を提出する意思があったと認められる場合〉

①　その期限後申告書の提出日の前日から起算して5年前の日までの間に、その期限後申告書に係る税目について、次の2つのいずれに

も該当する場合

イ　無申告加算税又は重加算税を課されたことがない場合

ロ　本制度（通則法66⑨）の適用を受けていない場合

②　①の期限後申告書に係る納付すべき税額の全額が法定納期限までに納付されていた場合又は納付受託者に交付されていた場合

要するに本制度は、期限内に納付手続は完了していたものの、申告書を提出し忘れてしまったような場合の誠実な納税者を救済するための措置である。本制度は平成18年度税制改正により創設されたが、その背景には、いわゆる関西電力事件（大阪地判平成17年９月16日裁判所ウェブサイト）がある。この事件の概要は、原告である関西電力が247億円余の消費税を法定納期限日に納付したが、その11日後に税務署からの未提出通知によってあわてて申告書を提出したというものであり、これについて大阪地裁は、申告税額の５％に相当する約12億円の無申告加算税の賦課決定を適法であると判示したのである（関西電力は控訴断念）。

本制度創設当初は、法定申告期限から「２週間」を経過する日までに期限後申告していることが要件であったが、平成27年度改正によりこれが「１か月」に延長された。その趣旨は、期限内納付があった期限後申告件数（法人税）のうち、２週間以内に期限後申告書が提出されたものは７割程度であり、誠実な納税者に対する救済制度としては不十分であると考えられたためである（改正後は９割超の誠実な納税者を救済可能となる。平27改正解説919頁）。

Ⅵ　国外財産調書・財産債務調書の提出による軽減・加重

第３章理論編Ⅴ・75頁で解説した国外財産調書・財産債務調書の提出による軽減・加重措置については、過少申告加算税と同様に、無申告加算税においても、５％の軽減・加重が設けられている（国外送金等調書法６、６の３）。

〈国外財産調書・財産債務調書の提出が…〉

・ある場合　➡無申告加算税５％軽減
・ない場合等➡無申告加算税５％加重

応用編

Ⅰ　無申告加算税の共通項目

1　無申告加算税の賦課と「法定申告期限」との関係

Q40　無申告加算税が賦課されるか否かが問題となる「法定申告期限」とは何（どの税法）によって決定されているのでしょうか。

A　「法定申告期限」とは、「国税に関する法律の規定により納税申告書を提出すべき期限をいう。」（通則法２七）と定義されており、また、各税目の具体的な提出期限については、所得税法等の各税法により規定されている。

例えば、所得税の確定申告の法定申告期限は、原則、３月15日とされている（所法120①）。

なお、相続税の確定申告の法定申告期限については、「相続の開始があつたことを知つた日の翌日から10月以内」（相法27①）とされている。相続税法上の法定申告期限に関して、例えば、被相続人に対して認知請求訴訟を提起した納税者の法定申告期限に関しては、「相続の開始があつたことを知つた日」とは「原告が認知の裁判の確定により被相続人の相続人としての地位が生じた日であるというべき」とした上で、「認知の判決を受けてこれが確定した」日であるとされている（仙台地判昭和63年６月29日訟月35巻３号539頁）。

2　確定申告書の提出方法と期限後申告との関係

Q41　確定申告書の提出（送付）方法について、郵便による提出と宅配便といった郵便以外の方法による提出では、無申告加算税の賦課に係る取扱いに差が生じる場合があるのでしょうか。

A　前者による提出の場合、郵便物の通信日付印（いわゆる消印）の日付により法定申告期限までに確定申告書が提出されたか否かが判断される。したがって、集配局といった一定の規模以上の郵便局から確定申告書を送付し、消印が３月15日であり、当該消印のある封書（郵便物）で提出された確定申告書が３月16日（法定申告期限後）に税務署に配達された場合、消印の日付である３月15日（法定申告期限内）に提出されたものとして扱われる（通則法22）（**第４章理論編Ⅰ2**・120頁参照）。

他方、後者による提出の場合、つまり、郵便又は信書便以外の方法である宅配便により提出した場合、民法上の原則どおり（民法97）、提出の効力は到達した日で判断されること（到達主義）から、仮に、当該申告書の発送を配達事業者に依頼した日が３月15日（法定申告期限内）であっても、税務署に配達された日（到着した日）が３月16日の場合、当該申告は期限後申告として扱われる。

例えば、郵便や信書便に該当しない、「ゆうメール」（平成25年７月26日裁決裁事92集）や宅配便事業者（平成15年11月７日裁決裁事66集、平成17年１月28日裁決裁事69集、平成18年10月27日裁決裁事72集）を利用して、確定申告書を提出した場合、当該申告書の提出日は、税務署に到着した日であり、また、法定申告期限内に提出されなかったことについて、「正当な理由」も認められないという判断が示されている。

したがって、確定申告書の提出方法に関して、特に、法定申告期限直前に宅配便等により、確定申告書を提出する場合、税務署の到着日によっては、期限後申告として取り扱われる可能性があることに十分に注意する必要がある。

なお、東京地判平成17年12月16日判タ1222号172頁は、普通郵便物を受け付けたときに通信日付印を押さない、あるいは、郵便の集配業務を行わないといった無集配局から郵送により提出した確定申告書等の封書の消印が３月16日であった場合、期限内申告書を提出することができなかったことについては、国税通則法66条１項柱書ただし書の「正当な理由」があると認められると判示している。当該判決において、「同郵便局の郵便窓口で差し出した郵便物にも収集時間があることや、その最終収集時間が何時であるかが一般利用者にとって分かるように表示されていることはなかったことが認められる。」とされている。

ただ、最近の郵便局の窓口において、消印に関する案内が行われる場合があること（参考：「郵便局窓口における最終取集時刻後に差し出された普通郵便物の消印日付の取扱いに関するサービスの充実」について（総務省ウェブサイト））から、今後、法定申告期限最終日といったぎりぎりの段階において、郵便局の窓口における説明や注意事項の表示（掲示）等の状況によっては、無集配局の窓口から確定申告書を送付した場合、上記の判決と同様の結論が示されない可能性があること、つまり、期限後申告として取り扱われることが妥当であると判断される可能性があることに注意する必要があると考えられる。

おって、令和７年１月から、国税庁において、申告書等の控えに収受日付印の押なつを行わないこととされており、また、納税者自身で控えの作成及び保有、提出年月日の記録・管理が求められること[*24]から、納税者において、確定申告書に係る郵送（提出）に関する状況を把握することがより重要となるといえる。

＊24 「令和７年１月からの申告書等の控えへの収受日付印の押なつについて」（国税庁ウェブサイト）。

3　還付申告書と無申告加算税との関係

Q42 法定申告期限後に提出された確定申告書が還付申告書であり、更正により、当該申告書に記載された還付金に相当する税額が減額された場合でも無申告加算税が賦課されるのでしょうか。

A 法定申告期限後に提出された確定申告書は還付請求申告書に該当するので、更正により生じる増差税額が当該還付申告に係る範囲内であれば、無申告加算税ではなく、過少申告加算税が課されることとなる（通則法65①かっこ書）（コンメ3577頁）。平成12年10月10日裁決裁事61集は、本問のような状況に関して、「本件申告書は期限後申告書であるが、国税通則法第65条第１項に規定する還付請求申告書に該当し、かつ、本件更正処分も還付金の額に相当する税額を減額するものであるので、本件更正処分により賦課すべき加算税は、同項に規定する過少申告加算税ということになる。」と示している。

ただ、更正により生じる増差税額が還付申告に係る還付金を超えることとなる場合、無申告加算税が課されることとなる（コンメ3577頁）。

4　電子申告と無申告との関係

Q43 電子申告で確定申告を行うことが義務付けられている法人ですが、諸事情のため、電子申告ができませんでした。この場合、法定申告期限内に書面の形で確定申告書を提出していても無申告と取り扱われるのでしょうか。

A 災害等の場合を除き（法法75の５等）、法定申告期限内に書面で提出した場合であっても、電子申告が義務付けられている資本金等の額が１億円以上の法人が電子申告を行わなかった場合、当該法人については、無申告として取り扱われ（法法75の４、消法46の２）、無申告加算税の対象となるとされている（コンメ3576頁）＊25（**第４章理論編Ⅰ２・120頁参照**）。

なお、納付すべき税額の全額が法定納期限までに納付されていた等といった期限内申告をする意思があったと認められる場合（通則法66⑨）（**第４章理論編Ⅴ３・133頁参照**）、無申告加算税は賦課されないと考えられる。

Ⅱ 無申告加算税の免除事由（「正当な理由」関係）

１　課税庁が課税上の扱いを明らかにしていない場合と「正当な理由」との関係

Q44 新しい取引に関する税務上の取扱いについて、課税庁が通達や事務運営指針等といった形で公的見解を明らかにしていないため、無申告となった場合、「正当な理由」があると認められるのでしょうか。

A 例えば、特定の取引や事項に関して、裁判例等の先例がなかった場合や課税庁から当該取引等に関する通達等の公式な解釈が明らかにされていない場合であっても、納税者が申告を行うことを期待できないとはいい難いことから、「正当な理由」があると認められる場合に当たらないとされている（東京地判昭和57年６月11日行集33巻６号

＊25 「電子申告の義務化の対象法人が書面により提出した場合はどうなりますか。」（国税庁ウェブサイト）。

1283頁、東京高判昭和59年3月14日行集35巻3号231頁、東京地判平成17年7月1日訟月54巻2号493頁)。

2 無申告や期限後申告と「正当な理由」(通則法66①柱書ただし書)との関係

Q45 無申告や期限後申告であっても、「正当な理由」(通則法66①柱書ただし書)があると認められる場合とは、具体的にどのような場合でしょうか。

A 例えば、次のような場合(事例)において、「正当な理由」(通則法66①柱書ただし書)があると認められている。

平成元年6月8日裁決裁事37集は、受遺者の一人が遺贈の一部を放棄したことによって、相続人たる請求人が相続財産を取得し、相続税の申告書を提出した場合には、その申告書に記載された相続税の課税価格のうち、受遺者が遺贈の一部を放棄したことによって初めて取得したと認められる部分については、相続税法30条に規定する期限後申告書の性格を有しているものと認めるのが相当であり、請求人には当該部分を申告期限内に申告すべき義務はなかったというべきであるから、期限内申告書の提出がなかったことについて、「正当な理由」がある(通則法66①柱書ただし書)と認められる場合に該当することを示している。

3 「正当な理由」(通則法66①柱書ただし書)があると認められない場合

Q46 「正当な理由」(通則法66①柱書ただし書)があると認められない場合とはどのような場合でしょうか。

A 例えば、大阪高判平成５年11月19日行集44巻11・12号1000頁は、納税者に判明し得た相続財産の価額が控除額を超える場合（申告義務がある場合）であれば、相続財産の全容が把握できない場合でも、申告が予定されているとした上で、相続税の基礎控除額を超える相続財産の存在を認識することができた納税者に無理を強いるものではなく、何ら納税者に不当な負担を課すものということはできないとして、他の相続人の協力が得られない等の諸事情で相続財産の全部が把握できなかったため、申告書を提出しなかったという納税者の主張が認められなかった（**第４章理論編Ｖ[1]**・132頁参照）。

また、自説に固執して申告書を提出しなかった場合（東京高判昭和48年３月９日訟月19巻10号139頁）、規定を誤解し、申告の遅れが２日に過ぎないと主張した場合（東京高判平成２年２月20日訟月37巻４号747頁）、贈与の効力が訴訟で争われていることを理由に無申告であった場合でも、贈与税の申告書を提出し、後に判決において贈与が無効とされたときに、更正の請求をすることが可能であり（相法32②等）、法定申告期限内に申告書が提出されなかったことについて真に納税者の責めに帰することのできない客観的な事情があるとは認められないとされた場合（東京地判平成31年２月１日判タ1474号210頁）、あるいは、納税者が正確な資料を提示したとは考えられないから、指導に係る誤りは納税者自身が責を負うものであるとされた事例（福岡高判平成３年２月28日税資182号560頁）がある。

さらに、未成年者であったことを理由とする準確定申告書の期限後申告（平成31年２月１日裁決 LEX/DB26013074）、逮捕・勾留されていたこと等を理由とする期限後申告（福岡高判平成23年９月８日訟月58巻６号2471頁）については、「正当な理由」（通則法66①柱書ただし書）があるとは認められていない。

4 「正当な理由」（通則法66①柱書ただし書）の該当性を判断する基準（平均的な通常の納税者との関係）

Q47 「正当な理由」（通則法66①柱書ただし書）があると認められるか否かについて、どのような納税者を基準として判断されるのでしょうか。

A 国税通則法上、必ずしも明確な基準は規定されていない。ただ、「無申告としての行政制裁を課されないのは、平均的な通常の納税者を基準として、当該状況下において、納税者が相続税を申告することが期待できず、法定申告期限内に右の申告をしなかったことが真にやむを得ない事情のある場合に限られるものと解するのが相当であり、〔…中略…〕、本件のように、相続財産の一部とはいえ、これを把握し、納税者として相続税の申告をしなければならないと認識すべきであった場合には、そもそも、国税通則法66条１項ただし書きの『正当な理由があると認められる場合』に当たらないのである。」（大阪高判平成５年11月19日行集44巻11・12号1000頁）として、平均的な通常の納税者を基準として判断される場合があるとされている。

5 民法等の法律の理解の誤りと無申告加算税との関係

Q48 相続に関する民法の理解を誤っていたため、無申告であった場合も無申告加算税が賦課されるのでしょうか。

A 民法等についての誤解や知識不足のため無申告であったとしても「正当な理由」があると認められる場合に該当しないとされている（平成４年12月８日裁決裁事44集）。

Ⅲ 無申告加算税の加重措置等

1 国税通則法66条６項１号（あるいは68条４項）と66条６項２号の両方の加重措置を充足する場合の加重割合

Q49 ５年前に無申告加算税（重加算税）が賦課されましたが、業務多忙や不注意等により、この３年間も連続で無申告であった場合、国税通則法66条６項１号（あるいは68条４項）と66条６項２号の両方の加重措置を充足するものとして、加重割合は20%（10%×２）となるのでしょうか。

A 両方の規定（国税通則法66条６項１号（あるいは68条４項）と66条６項２号）の加重措置の要件を充足する場合であっても加重割合は10%であり、20%とならないとされている（通則法66⑥、通則法68④）（令５改正解説622頁）（**第４章理論編Ⅲ**1 2・127～128頁参照）。

2 「正当な理由」（通則法66①柱書ただし書）と「納税者の責めに帰すべき事由がないと認められるものがあるとき」（通則法66③柱書かっこ書）との関係

Q50 「正当な理由」（通則法66①柱書ただし書）と「納税者の責めに帰すべき事由がないと認められるものがあるとき」（通則法66③柱書かっこ書）とは、同じ内容でしょうか。

A 本問に関して、例えば、「この判定により本措置の対象となるかどうかにかかわらず、無申告加算税が課されることがあります（通法66②③）。」（令５改正解説621頁）という説明や最高裁（最判平成18年４月20日民集60巻４号1611頁）は、「正当な理由があると認められる」場合について、次の２つ（「①真に納税者の責めに帰することのできない客観的な事情がある場合」と「②過少申告加算税を賦課することが不当又は酷になる場合」）のいずれにも該当する場合と判示していること（**第３章理論編Ⅳ**1・69頁、**第４章理論編Ⅴ**1・132頁参照）を考慮すると、「納税者の責めに帰すべき事由がないと認められるものがあるとき」（通則法66③柱書かっこ書）とは、「正当な理由」（通則法66①柱書ただし書）の一部であり、両者の関係は、図表４－５のようになると考えられる。

■図表４－５　「正当な理由」（通則法66①柱書ただし書）と「納税者の責めに帰すべき事由がないと認められるものがあるとき」（通則法66③柱書かっこ書）との関係

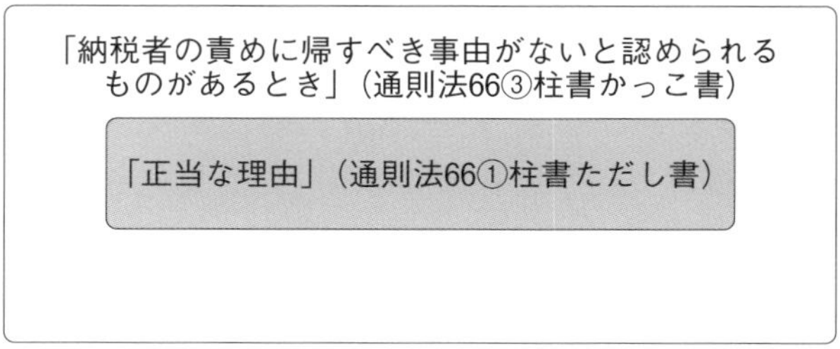

「納税者の責めに帰すべき事由がないと認められるものがあるとき」（通則法66③柱書かっこ書）

「正当な理由」（通則法66①柱書ただし書）

なお、「正当な理由」（通則法66①柱書ただし書）の意味等については、「無申告加算税は、租税債権確定のため納税義務者に課せられる税法上の義務の不履行に対する一種の行政上の制裁であることからすると、右法条にいう正当の理由とは、加算税を課すことが納税者にとつて不当又は酷となるような真にやむを得ない事情をいうものと解すべき」（広島高判平成２年７月18日税資180号89頁）や「本来、無申告加算税制度は、申告の適正を担保し申告納税制度を確保するために行政上の制裁として設けられたものであり、国税通則法66条１項但書の『正当な理由』とは、期限内に申告書を提出できなかつたことに宥恕すべき事情があり、行政上の制裁を課すことが相当でない場合を意味する」（仙台地判昭和63年６月29日訟月35巻３号539頁）とされている。

3 期限内申告書を提出する意思があったと認められる場合の要件

Q51 期限内申告書を提出する意思があったと認められるとの規定（通則法66⑨、通則令27の２①）の適用を主張する場合において、留意すべき点は何でしょうか。

A 国税通則法66条９項（期限内申告書を提出する意思があったと認められる場合）の適用の要件、つまり、国税通則法施行令27条の２第１項１号（「期限内申告書を提出する意思等があったと認められる場合」）に該当する場合として、過去５年以内に国税通則法66条９項の規定等の適用を受けていないときであることが規定されている。また、国税通則法66条９項の規定により納税者に無申告加算税が課されなかった場合は、加算税の賦課決定がされた場合とは異なり、国税通則法上、無申告加算税が課されなかったこと自体は納税者に通知（連絡）されることは規定されていない（**第４章理論編Ｖ3**・133頁参照）。

したがって、過去５年以内に国税通則法66条９項の規定が適用され、納税者に無申告加算税が課されていない事実があり、当該事実を納税者が知らなかった場合には、提出する意思があったと認められる規定（通則法66⑨）の要件に該当しないと判断される可能性があることに注意が必要である。

例えば、平成22年６月７日裁決裁事79集では、平成19年３月16日においては、郵便（信書）以外の提出方法であるメール便により提出した確定申告書が期限後申告であったが、法定納期限までに納付すべき税額の全額が納付されていたため、期限内申告書を提出する意思等があったと認められるとして無申告加算税が賦課されなかったところ、上記の申告（平成19年３月16日申告）後の平成21年３月において、上記と同じメール便により提出した確定申告書が法定申告期限後に原処分庁に到着した場合、法定納期限までに納付すべき税額の全額を納付していたとしても期限後申告書の提出は、提出する意思があったと認められる規定（現行通則法66⑨）の要件に該当しないとされている。

④ 「期限内申告書を提出する意思があったと認められる場合」（通則法66⑨）に該当するための納付に係る要件

Q52 国税通則法66条９項の「期限内申告書を提出する意思があったと認められる場合」に該当するための納付に係る要件について、現金納付に限定されるのでしょうか、納付方法に係る制約はあるのでしょうか。

A 国税通則法上、納付方法に係る制約は規定されていない。金銭の納付（通則法34）、口座振替納付（通則法34の２）、あるいは、コンビニ納付（通則法34の３①一）、クレジットカード納付・スマホアプリ納付（通則法34の３①二）のいずれの納付方法も認められている（通則令27の２①二）。したがって、例えば口座振替納付を利用している場合は、実際には法定申告期限の段階では納付（口座から引落し）は完了していないのだが、期限後申告書を提出した日までに納付されていれば、「期限内申告書を提出する意思があったと認められる場合」に該当することとなる（コンメ3599の３）（**第４章理論編Ⅴ③**・133頁参照）。

なお**Q51**で述べたように、これが認められるのは、過去5年以内に国税通則法66条9項の適用を受けていない場合に限られることに注意を要する。

第5章
不納付加算税

理論編

本章では、源泉徴収等により納付すべき国税を法定納期限までに納付しなかった場合に課される「不納付加算税」について詳しく解説しよう。

 不納付加算税の課税要件等

不納付加算税は、源泉徴収等による国税を法定納期限までに納付しなかった場合に課される行政制裁的な性格を有している。ここで「源泉徴収等による国税」とは、源泉徴収に係る所得税及び特別徴収に係る国際観光旅客税（これらの税に係る附帯税を除く）をいう（通則法２二）。

源泉徴収等による国税は、納税義務者が直接納税する一般の国税とは異なり、源泉徴収義務者又は特別徴収義務者（以下「徴収義務者」という）が納税義務者の納税額を徴収して納付するものである。そして、徴収義務者がその納付を怠った場合には、課税庁は、納税義務者から直接徴収することはせずに、徴収義務者に対して強制徴収手続を進めるという制度となっている。そのため、徴収義務者による適正な徴収と納付が必要であることから、正当な理由なく適正に納付しなかった場合には、その制裁措置として、不納付加算税が徴収されることになっているのである。

不納付加算税は、次のときに徴収される（通則法67①本文）。

〈不納付加算税の課税要件〉

源泉徴収等により納付すべき税額を法定納期限までに納付しなかった場合で、法定納期限後に納税の告知を受けたとき、又は納税の告知を受ける前に納付したとき。

Ⅱ　不納付加算税の割合

不納付加算税の増差本税に対する通常の課税割合は、10％である。すなわち、源泉徴収等による国税がその法定納期限までに完納されなかった場合には、税務署長は、その徴収義務者から、納税の告知に係る税額又はその法定納期限後にその告知を受けることなく納付された税額に10％の割合を乗じて計算した金額に相当する不納付加算税を徴収することとされている（通則法67①本文）。

このように、不納付加算税では「徴収する」という文言が用いられており、これまでみた他の加算税における「課する」とは異なる表現となっている（不納付加算税に代えて徴収される重加算税についても同様（通則法68③））。これは、過少申告加算税及び無申告加算税が自主納付することとされている（通則法35③）のに対して、不納付加算税は納税の告知により徴収することを明らかにしているためである（精解824頁）。なお、この「納税の告知」とは、税務署長が源泉徴収等による国税等を徴収しようとする場合に、しなければならないこととされているものである（通則法36①）。

不納付加算税の免除等

過少申告加算税や無申告加算税と同様に、その趣旨に沿わないような場合にまで不納付加算税を徴収する必要はなく、また、不納付加算税の徴収が自発的な期限後納付の足枷になることもある。

そこで、1**正当な理由がある場合**、2**期限内納付の意思があった場合**及び3**調査によらない期限後納付の場合**については、不納付加算税が免除ないし軽減されることとされている。

1 正当な理由がある場合

過少申告加算税や無申告加算税と同様に、法定期限内までに納付しなかったことについて正当な理由があると認められる場合は、不納付加算税は徴収されない（通則法67①ただし書）。

「正当な理由」の意義については、すでに解説した過少申告加算税や無申告加算税の場合と同様に、次の２つのいずれにも該当する場合である。

〈「正当な理由」に該当する場合〉
① 真に徴収義務者の責めに帰することのできない客観的な事情がある場合
② 不納付加算税を賦課することが不当又は酷になる場合

このような「正当な理由」の該当性については、事務運営指針では、次の例示が掲げられている（不納付加算税指針第１の１）（Q53～Q55（156～158頁）参照）。

〈源泉所得税及び復興特別所得税を法定納期限までに納付しなかったことについて正当な理由があると認められる場合〉

① 税法の解釈に関し、給与等の支払後取扱いが公表されたため、その公表された取扱いと源泉徴収義務者の解釈とが異なることとなった場合において、その源泉徴収義務者の解釈について相当の理由があると認められるとき。

(注) 税法の不知・誤解又は事実誤認に基づくものはこれに当たらない。

② 給与所得者の扶養控除等申告書、給与所得者の配偶者控除等申告書又は給与所得者の保険料控除申告書等に基づいてした控除が過大であった等の場合において、これらの申告書に基づき控除したことにつき源泉徴収義務者の責めに帰すべき事由があると認められないとき。

③ 最寄りの収納機関が遠隔地であるため、源泉徴収義務者が収納機関以外の金融機関に税金の納付を委託した場合において、その委託が通常であれば法定納期限内に納付されるに足る時日の余裕をもってされているにもかかわらず、委託を受けた金融機関の事務処理誤り等により、収納機関への納付が法定納期限後となったことが、当該金融機関の証明書等により証明されたとき。

④ 災害、交通・通信の途絶その他法定納期限内に納付しなかったことについて真にやむを得ない事由があると認められるとき。

2 調査によらない期限後納付の場合

源泉徴収等による国税が納税の告知を受けることなくその法定納期限後に納付された場合において、その納付が、その国税についての調査があったことにより納税の告知があるべきことを予知してされたものでないときは、その納付された税額に係る不納付加算税の割合は、その納付された税額に5%を乗じて計算した金額に軽減される(通則法67②)。

この措置は、調査によらない修正申告の場合の過少申告加算税の不適用措置(通則法65⑥。**第3章理論編Ⅳ3・72頁参照**)及び調査によらない期限後申告の場合の無申告加算税の軽減措置(通則法66⑧。**第4章理論編Ⅴ2・133頁参照**)に準じるものである。納税の告知があるべきことの予知とはどの時点なのかという問題等についても、過少申告加算税の更正予知の判断に準じて解することができるが、その該当性については、事務運営指針において、次のように解されている(不納付加算税指針第1の2)(**Q56**(158頁)参照)。

〈告知があるべきことを予知してされたものである場合〉

徴収義務者に対する臨場調査、その取引先に対する反面調査等、その徴収義務者が調査のあったことを了知したと認められる後に自主納付された場合のその自主納付は、原則として、「告知があるべきことを予知してされたもの」に該当する。

(注)次に掲げる場合は、原則として「告知があるべきことを予知してされたもの」には該当しない。

① 臨場のための日時の連絡を行った段階で自主納付された場合
② 納付確認(臨場によるものを除く)を行った結果、自主納付された場合
③ 説明会等により一般的な説明を行った結果、自主納付された場合

3 期限内納付の意思があった場合

また、源泉徴収等による国税が納税の告知を受けることなく法定納期限後に納付され、その納付が納税の告知があることを予知してなされたものでない場合で、法定納期限までに納付する意思があったと認められる次の場合に該当し、かつ、法定納期限から1か月を経過する日までに納付されたものであるときについても、不納付加算税は徴収

されない（通則法67③）。

〈期限内納付の意思があったと認められる場合〉
　納付に係る法定納期限の属する月の前月の末日から起算して１年前の日までの間に法定納期限が到来する源泉徴収等による国税について、次のいずれにも該当する場合をいう（通則令27の２②）。
① 納税の告知を受けたことがない場合
② 納税の告知を受けることなく法定納期限後に納付された事実がない場合

　この措置の趣旨は、**第４章理論編Ⅴ3**・133頁で解説した無申告加算税における期限内申告の意思があった場合の不適用措置と同様に、誠実な徴収義務者の適正な徴収納付への配慮ということである。

応用編

I　不納付加算税の共通項目

1　不納付加算税の免除事由（「正当な理由」等関係）

Q53　「正当な理由」（通則法67①ただし書）があると認められない場合とはどのような場合でしょうか。

A　例えば、従業員から提出された書類について、通常程度の確認を源泉徴収義務者が怠った場合、平成25年９月18日裁決裁事92集は、「請求人は、源泉徴収義務者として本件各従業員から提出された事項に関して通常程度の注意ないし確認等を行いさえすれば、借換えの有無、ひいては借増しの有無を確実に把握して、借換えをした年以後、適切に本件控除額の計算を行うことができたということができる。そうすると、本件控除額が過大になったことについて、請求人の責めに帰すべき事由があるというべき」として、「正当な理由」（通則法67①ただし書）があるとは認められないとしている。

また、交通機関の遅延（昭和56年３月31日裁決裁事21集）、事務所の事務員の急な欠勤や納税者（源泉徴収義務者）が別の業務に対応したこと（浦和地判平成12年６月26日税資247号1376頁）により源泉所得税の納付が法定納期限を徒過したことは、「正当な理由」があるとは認められないとされている。

2 「正当な理由」（通則法67①ただし書）があると認められる場合

Q54 「正当な理由」（通則法67①ただし書）があると認められる場合とはどのような場合でしょうか。

A 例えば、大阪高判平成３年９月26日税資186号635頁は、「源泉徴収義務者たる支払者は、受給者が提出した申告書について形式的審査義務は負うが実質的審査義務までは負わず、右要件の充足について実質的に調査する権限を全く有しておらず、受給者から提出された扶養申告書に記載された内容に応じて計算した金額を源泉徴収すべきものとされている。したがって、支払者は、受給者の申告に従って扶養親族等に該当するものとして扶養控除等して納付している限り、後に税務署長の調査等により扶養親族等に該当しないことが判明したため、納税告知を受けたとしても、この告知に係る税額を法定納期限までに納付しなかったことについて正当の理由があると解される。」と判示しており、年末調整時に給与の受給者から提出された添付書類や記載内容に特に不審な点がない場合、給与の支払者が提出された内容に沿って源泉徴収を行うことは「正当な理由」があるものと認められると考えられる（**第５章理論編Ⅲ1**・152頁参照）。

また、平成25年５月21日裁決裁事91集は、審査請求人が賃借料を賃貸人に対して支払う場合において、契約当初、賃貸人は居住者であったが、契約後の数年後、日本を出国し非居住者となった場合、納税者と賃貸人の接触はなく、賃貸人が非居住者となったことをただちに審査請求人が知る状況になかったこと、非居住者と知った後、源泉徴収の納付手続を採ったこと等を踏まえ、「正当な理由」があるものと認められると判断している。

3　実務慣行に沿った処理と「正当な理由」（通則法67①ただし書）との関係

Q55 いわゆる実務慣行に沿った処理として不納付であった場合やこのような実務慣行が黙認されていた場合、「正当な理由」（通則法67①ただし書）があると認められるのでしょうか。

A 「正当な理由」があると認められる場合があると考えられる。例えば、大阪高判平成20年10月15日税資258号順号11050は、①破産管財人は源泉徴収義務を負わないと解されるとした裁判所作成の「破産管財人の税務の手引き（新法対応版）」の記載等を踏まえ、破産実務においては、破産債権に対する配当について破産管財人に源泉徴収義務はないとする取扱いが慣行として行われてきたこと、②課税庁において当該取扱いを否定する立場を積極的には表明して来なかったこととした上で、破産管財人が破産債権である退職金に係る源泉所得税を法定納期限までに納付しなかったことは、「正当な理由があると認められる場合」（通則法67①ただし書）に該当すると判示した。

4　「告知があるべきことを予知してされたものでないとき」（通則法67②）と認められる場合

Q56 「告知があるべきことを予知してされたものでないとき」（通則法67②）と認められる場合とはどのような場合でしょうか。

A 例えば、令和３年１月20日裁決裁事122集は、「告知があるべきことを予知してされたものでないとき」（通則法67②）の判断基準として、「通則法第67条第２項の文言及び趣旨からすると、法定納期限後の納付が、同項に規定する『当該国税についての調査があったことにより当該国税について当該告知があるべきことを予知してされたものでないとき』に該当するか否かの判断に当たっては、〔1〕調査の内容・進捗状況、〔2〕それに関する納税者の認識、〔3〕納付に至る経緯、〔4〕納付と調査の内容との関連性等の事情を総合考慮して判断するのが相当である。」といった4点を示している。これらの基準を踏まえ、実地調査の日程調整の過程で、調査担当者からは「非居住者からの土地の取得があると思われるので確認させていただきたい。」との発言があったが、源泉所得税等に関する具体的な指摘、質問等はなかった場合、告知があるべきことを予知してされた納付に該当しないとされている。具体的には、「本件署内調査により、そのまま本件調査担当職員による調査が進展すれば、やがて本件源泉所得税等に係る納税の告知に至る可能性が高い状況にあったとは認められるものの、〔…中略…〕、請求人は、それを具体的に認識しておらず、本件納付も、請求人自身の自主的な確認によって行われたものであって、本件署内調査との関連性も乏しいといわざるを得ない」とした上で、「しかしながら、本件発言は、実地調査の日程調整を依頼する中でされたものにすぎず、その内容も抽象的で、具体的な取引内容や調査対象期間も示されていないから、本件発言自体が『調査』に該当するとは認められないし、また、請求人が本件署内調査の内容・進捗状況を具体的に認識しておらず、本件納付も、請求人自身の自主的な確認によって行われたものであって、本件署内調査との関連性も乏しいといわざるを得ないこと〔…中略…〕であって、本件発言だけをもって、当審判所の当該判断が左右されることはないから、原処分庁の主張は理由がない。」としている。

上記で示された4つの基準は一定の妥当性を有すると考えられることから、これらの基準に基づき、源泉徴収義務者の納付が「告知があるべきことを予知してされたものでないとき」（通則法67②）に該当するか否かについては、今後も判断されると思われる（**第５章理論編Ⅲ**[2]・153頁参照）。

Ⅱ 不納付加算税に係る留意事項

◆ 不納付加算税等の負担者

Q57 給与等の支払いに係る源泉徴収等による国税について、不納付加算税が徴収された場合、源泉所得税（本税）の不足額の徴収（所法192）と同様、給与等の受領者に対して、徴収された不納付加算税に相当する金銭の支払い（負担）を給与等の受領者に求めることができるでしょうか。

A 給与等の受領者に対して、徴収された不納付加算税に相当する金銭の支払い（負担）を求めることはできず（最判昭和45年12月24日民集24巻13号2243頁）、支払者（源泉徴収義務者）が負担する必要がある。

また、不納付加算税に係る負担と同様、不納付に係る延滞税も支払者（源泉徴収義務者）が負担する必要があると考えられる。

第6章
重加算税

理論編

本章では、第３章～第５章で解説した過少申告加算税、無申告加算税又は不納付加算税（以下「過少申告加算税等」という）が課される場合で、課税標準等・税額等の計算の基礎となるべき事実を隠蔽・仮装していたときに、過少申告加算税等に代えて課されることとなる「重加算税」について詳しく解説しよう。

Ⅰ　重加算税の趣旨と課税要件

1　重加算税の趣旨

重加算税の趣旨については、納税者が過少申告等をすることについて隠蔽・仮装という不正手段を用いていた場合に、過少申告加算税等よりも重い行政上の制裁を科することによって、悪質な納税義務違反の発生を防止し、もって申告納税制度による適正な徴税の実現を確保しようとするものであると解されている（最判平成７年４月28日民集49巻４号1193頁参照）。

このように重加算税は過少申告加算税等よりも重い行政制裁的な性格を有しており、実質的には刑罰的な色彩も強いことから、併科されることもある罰則（脱税犯（所法238①・②、239①等）、無申告犯（所法238③・④等）又は不納付犯（所法240①等））との関係で、憲法39条が禁じている二重処罰に該当するとの疑いが指摘されることもある。これについて昭和36年の国税通則法の制定に関する答申では、「重加算税は、制裁的意義を有することは否定できないが、そもそも納税義務違反者の行為を犯罪とし、その不正行為の反社会性ないしは反道徳性に着目して、これに対する制裁として科される刑事罰とは、明白に区別すべきである」ので、「重加算税額を課すとともに刑事罰に処しても、二重処罰と観念すべきではないと考えられる。」と述べられている[*26]。

2 重加算税の課税要件

重加算税は、次のいずれにも該当する場合に課される（通則法68①～③）（Q58、Q59（177～179頁）参照）。

〈重加算税の課税要件〉次のいずれにも該当する場合

① 過少申告加算税等が課される要件に該当すること。

② 課税標準等又は税額等の計算の基礎となるべき事実を隠蔽・仮装していたこと。

③ ②に基づき、⑴納税申告書もしくは更正請求書（令和７年以降に法定申告期限等が到来する国税について適用。下記3参照）を提出し、⑵法定申告期限までに納税申告書を提出せず、又は⑶法定納期限までに納付しなかったこと。

ただし、その税額の計算の基礎となるべき事実で隠蔽・仮装されていないものに基づくことが明らかなものがあるときは、その税額からその隠蔽・仮装されていない事実のみに基づいて修正申告もしくは更正・決定があったものとして計算した税額、又はその国税の法定納期

＊26 税制調査会「国税通則法の制定に関する答申の説明」（昭和36年７月）102頁。これについて最高裁も、「重加算税は、〔…中略…〕各種の加算税を課すべき納税義務違反が課税要件事実を隠ぺいし、又は仮装する方法によつて行なわれた場合に、行政機関の手続により違反者に課せられるもので、これによつてかかる方法による納税義務違反の発生を防止し、もつて徴税の実を挙げようとする趣旨に出た行政上の措置であり、違反者の不正行為の反社会性ないし反道徳性に着目してこれに対する制裁として科せられる刑罰とは趣旨、性質を異にするものと解すべきであつて、それゆえ、同一の租税逋脱行為について重加算税のほかに刑罰を科しても憲法39条に違反するものでない」（最判昭和45年９月11日刑集24巻10号1333頁、最大判昭和33年４月30日民集12巻６号938頁参照）と解している。

限までに納付しなかった税額が控除される（通則法68①〜③各かっこ書、通則令28）。

このように、単に納税者の申告が過少、無申告、あるいは源泉所得税の納付がないという事実、すなわち過少申告等の行為のみではなく、その国税の課税標準等の計算の基礎となるべき事実の全部又は一部を「隠蔽」又は「仮装」したといった、いわゆる「不正」と評価し得る行為があることを要件としていることが、重加算税を賦課する場合の特徴である（最判平成7年4月28日民集49巻4号1193頁）（Q63〜Q66（183〜196頁）参照）。

3 更正の請求に係る隠蔽・仮装行為に対する重加算税（令和6年度改正）

令和6年度税制改正において、過少申告加算税又は無申告加算税に代えて課される重加算税の適用対象に、隠蔽・仮装された事実に基づき更正請求書（通則法23③）を提出していた場合が加えられた（改正通則法68①・②）（図表6－1）（Q60、Q61（179〜181頁）参照）。

■図表6－1　更正の請求に係る隠蔽・仮装行為に対する重加算税

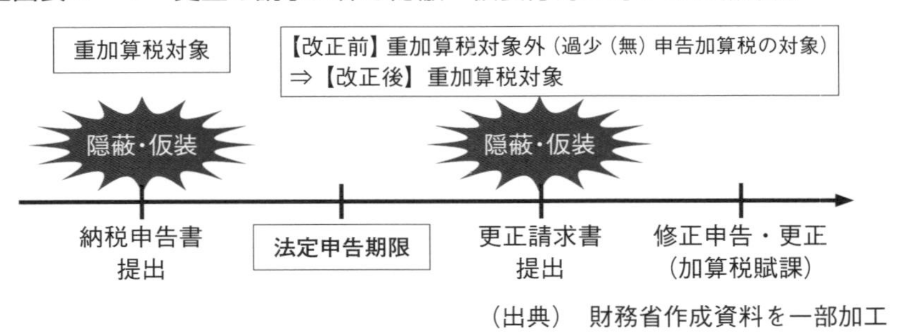

（出典）財務省作成資料を一部加工

この改正の趣旨は、更正の請求において、隠蔽・仮装が行われているものの、更正請求書は納税申告書に該当しないことから、現行制度上、重加算税が課されない事例が把握されていることを踏まえ、更正の請求に係る隠蔽・仮装行為を未然に抑止する観点から追加されたものである[*27]。そのような事例の具体例として、財務省で開催された「納税環境整備に関する研究会」では、次の事例（図表６－２）が紹介されている[*28]。

■図表６－２　申告後に隠蔽・仮装が行われた事例

【概要】
・法人税の確定申告書を提出後、外注費の計上漏れを理由とした更正の請求を行い、それに基づく還付金を受領。
・更正の請求には外注費に係る領収書等が添付されていたが、その後の実地調査における反面調査を行ったところ、架空の領収書等を作成していたものであることが判明。添付された領収書等は、印紙貼付、取引先の社判を模造して使用するなど巧妙に外形が整えられていた。

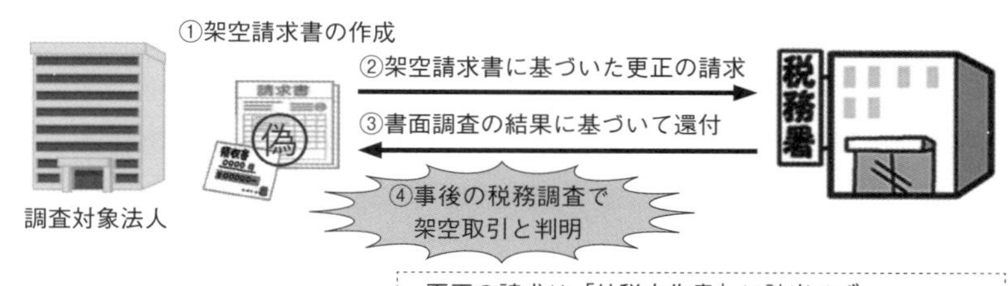

（出典）　財務省作成資料

この改正は、令和７年１月１日以後に法定申告期限等が到来する国税について適用される。そのため、通常は、所得税については令和６年分から、法人税については10月決算法人の場合には令和６年10月決算期分から、それぞれ適用される場面が生じ得ることになる。

なお、偽りその他不正の行為により国税を免れた場合等に、延滞税の計算期間から一定の期間を控除する特例が不適用となる措置（通則法61①かっこ書。本措置は運用上、「重加算税が課されたものである

＊27　自由民主党＝公明党「令和６年度税制改正大綱」（令和５年12月14日）22頁、令６改正解説834頁

＊28　財務省「納税環境整備に関する研究会」第２回（令和５年10月30日）財務省主税局配布資料14頁、令６改正解説835頁。

場合」に適用されている（**第２章理論編Ⅲ[3]**・33頁参照））について、隠蔽・仮装された事実に基づき更正請求書を提出していた一定の場合も対象となることが延滞税期間通達１(2)（注）２において明らかにされている。

[4] 隠蔽・仮装の意義等

(1) 隠蔽・仮装の意義

過少申告加算税等に代えて重加算税が課されることとなる要件のポイントは、税額等の計算の基礎となるべき事実を「隠蔽又は仮装」していたかどうかということである。

ここでまず「事実を隠蔽」とは、「二重帳簿の作成、売上除外、架空仕入若しくは架空経費の計上、たな卸資産の一部除外等によるものをその典型的なものとする」（精解833頁）とされている*29。また「事実を仮装」とは、「取引上の他人名義の使用、虚偽答弁等をその典型的なものとする」（精解833頁）とされている*30。なお、「行為が客観的にみて隠蔽又は仮装と判断されるものであればたり、納税者の故意の立証まで要求しているものではない」（精解833頁）として、重加算税の賦課基準が外形的・客観的なものであるとされている。

そして、具体的にいかなる行為が隠蔽・仮装に該当するのかということについては、例えば所得税に関して、事務運営指針では、次に掲げるような事実がこれに該当するものとして例示されている（重加算税指針（所）第１の１）。なお、隠蔽・仮装の行為については、特段の事情がない限り、納税者本人がその行為を行っている場合だけでなく、配偶者又はその他の親族等がその行為を行っている場合であって

＊29　金子・租税法914頁では、「事実の隠蔽とは、売上除外、証拠書類の廃棄等、課税要件に該当する全部または一部をかくすことをい〔う〕」とされている。

＊30　金子・租税法914頁では、「事実の仮装とは、架空仕入・架空契約書の作成・他人名義の利用等、存在しない課税要件事実が存在するように見せかけることをいう」とされている。

も納税者本人がその行為を行っているものとして取り扱うこととされている（重加算税指針（所）第1の1柱書)。

〈隠蔽・仮装に該当する行為の例〉

① いわゆる二重帳簿の作成

② 帳簿書類[*31]の破棄・隠匿、虚偽記載等

③ 本人以外の名義又は架空名義で行う事業の経営又は取引等[*32]。ただし、次の⑴又は⑵の場合を除く。

⑴ 配偶者、その他同居親族の名義により事業の経営又は取引等を行っているが、その名義人が実際の住所地等において申告等をしているなど、税のほ脱を目的としていないことが明らかな場合

⑵ 本人以外の名義（配偶者、その他同居親族の名義を除く）で事業の経営又は取引等を行っていることについて正当な事由がある場合

④ 本人以外の名義又は架空名義による所得の源泉となる資産（株式、不動産等）の所有。ただし、③の⑴又は⑵の場合を除く。

⑤ 秘匿した売上代金等による本人以外の名義又は架空名義の預貯金その他の資産の取得

⑥ 各種の課税の特例の適用を受けるなどのための、虚偽の証明書その他の書類の作成（他人に作成させることを含む)

⑦ 源泉徴収票等の記載事項の改ざん、架空の源泉徴収票等の作成（他人に虚偽記載又は提出させないことを含む)

⑧ 調査等の際の質問に対する虚偽答弁等（相手先に虚偽答弁等を行わせることを含む)、その他の事実関係を総合的に判断して、申告時における隠蔽・仮装が合理的に推認できること。

＊31 ここで「帳簿書類」とは、「帳簿、決算書類、契約書、請求書、領収書その他取引に関する書類」をいう。

＊32 ここで「事業の経営又は取引等」とは、「事業の経営、売買、賃貸借、消費貸借、資産の譲渡又はその他の取引」をいう。

このような具体例に関して、例えば、売上除外や他人の名義の利用といった納税者の積極的な行為は重加算税の賦課の対象に該当するという結論は、多くの場合、妥当すると思われる。ただし、このような売上除外といった積極的な行為等が存在しない場合の過少申告等について、果たして国税通則法68条の「隠蔽・仮装」に該当するといえるのかという点が問題となろう。この点に関して、例えば、重加算税指針においては「故意」という言葉が使われず、「隠蔽・仮装」という外形的な不正事実があれば重加算税の対象になるとされている（Q63～Q69（183～199頁）参照）。

⑵ 隠蔽・仮装の主体

国税通則法上、重加算税の課税要件として、「納税者がその国税の課税標準等又は税額等の計算の基礎となるべき事実の全部又は一部を隠蔽し、…」と規定されていることから、重加算税の課税要件を検討する上で、「納税者」という文言の持つ意味及びその範囲が問題となる。

国税通則法上、「納税者」とは「国税に関する法律の規定により国税（源泉徴収等による国税を除く。）を納める義務がある者〔…中略…〕及び源泉徴収等による国税を徴収して国に納付しなければならない者をいう」（通則法２五）と定義されていることから、「国税を納める義務がある者」である個人（事業者）自身や法人が隠蔽・仮装を行った場合に重加算税の賦課の対象となることは明白である。

しかし、納税者本人以外の第三者である家族、役員、従業員等が隠蔽・仮装の行為を行った場合に、納税者本人が常に重加算税の賦課の対象となるかについては、文言上、必ずしも明確に規定されていない。また、国税通則法上、納税者本人以外の隠蔽・仮装を行った第三者を直接の対象とする制裁規定も設けられていない（Q71、Q72（202～207頁）参照）。

これについて、事務運営指針では、まず所得税に関しては、配偶者等の納税者本人以外の隠蔽・仮装に基づく申告が、重加算税の賦課対象になり得るとされている（重加算税指針（所）第１の１柱書）。また、相続税に関しては、納税者本人以外の第三者である申告等を任された者や他の相続人（共同相続人）が隠蔽等の行為を行っていた場合、納税者本人が重加算税の賦課対象になり得るとされている（重加算税指針（相）第１の１⑴）。

これに対して法人税に関しては、重加算税指針（法）では、納税者（法人）以外の従業員等による隠蔽・仮装に基づく申告が重加算税の賦課の対象となるという点について明確に言及されていない。

消費税に関しては、納税者以外の行為については、所得税又は法人税における影響を勘案した上で重加算税の賦課決定がなされることとされている（加算税指針（消）第２のⅣの２）。

このように、事務運営指針における取扱いは、税目ごとに必ずしも統一したものとなっていない。

Ⅱ 重加算税の割合

1 通常の割合

重加算税の増差本税に対する通常の課税割合は、代えて課されることとなる各加算税に応じて、次のとおりである（通則法68①～③）。

〈重加算税の通常の割合〉

・過少申告加算税に代えて課す場合：35％
・無申告加算税に代えて課す場合　：40％
・不納付加算税に代えて課す場合　：35％

2 一定期間繰り返し行われる無申告行為等に対する加重措置

期限後申告・修正申告（調査による更正等を予知してされたものに限る）又は更正決定等があった場合において、その期限後申告等があった日の前日から起算して５年前の日までの間に、その期限後申告等に係る税目について無申告加算税（調査による更正等を予知してされたものに限る）又は重加算税を課されたことがあるときは、その期限後申告等に基づき課する重加算税の割合（35％、40％）について、それぞれその割合に10％加算することとされている（35％→45％、40％→50％）（通則法68④一）。

また、期限後申告等に係る国税の課税期間の初日の属する年の前年及び前々年に課税期間が開始したその国税（課税期間のないその国税については、その国税の納税義務が成立した日の属する年の前年及び前々年に納税義務が成立したその国税）の属する税目について、重加算税を課されたことがあり、又は重加算税に係る賦課決定をすべきと認める場合におけるその期限後申告等に基づき課する重加算税の額は、通常課される重加算税の額に、その期限後申告等に基づき納付すべき税額に10％の割合を乗じて計算した金額を加算した金額とされている（通則法68④二）。

これら２つの10％加重措置は、無申告加算税についても同様に講じられている。その趣旨や内容等については、**第４章理論編Ⅲ**・127頁を参照されたい。

Ⅲ 重加算税の免除

過少申告加算税等と同様に、重加算税についても、課税標準等・税額等の計算の基礎となるべき事実を隠蔽・仮装していた場合であっても、1**調査によらない修正申告等の場合**、2**期限内申告・納付の意思があった場合**及び3**正当な理由がある場合**には課されないこととされている（**Q62**（181頁）参照）。

1　調査によらない修正申告等の場合

まず、修正申告書・期限後申告書の提出又は源泉徴収等による国税の納付が、更正・決定や告知を予知してされたものでない場合（＝調査によらない場合）には、重加算税は課されない（通則法68①～③各かっこ書）。

これは、自発的な修正申告等を奨励しようとするもので、過少申告加算税等が同様の理由で減免される場合（通則法65⑥、66⑧、67②。**第３章理論編Ⅳ**3・72頁、**第４章理論編Ⅴ**2・133頁、**第５章理論編Ⅲ**2・153頁参照）には、重加算税についても課さないこととしているものである。

2　期限内申告・納付の意思があった場合

また、法定期限内に申告や納付をする意思があったと認められる場合についても、重加算税は課されない（通則法68②・③各かっこ書）。

これについても、無申告加算税及び不納付加算税が同様の理由で賦課・徴収しないこととしている場合（通則法66⑨、67③。**第４章理論編Ⅴ**3・133頁、**第５章理論編Ⅲ**3・154頁参照）には、重加算税も課さないこととしているものである。

3　正当な理由がある場合

さらに、無申告加算税又は不納付加算税が課されるような場合で、正当な理由があると認められるときにも、重加算税は課されない（通則法68②・③各かっこ書）。これについては、無申告加算税及び不納付加算税が同様の理由で賦課・徴収しないこととしている場合（通則法66①柱書ただし書、67①ただし書。**第4章理論編Ⅴ1**・132頁、**第5章理論編Ⅲ1**・152頁参照）には、重加算税も課さないこととしているものである。

ただし、過少申告加算税が課される場合には、このような正当な理由がある場合の除外措置は規定されていない。この趣旨については必ずしも明らかではないが、「過少申告加算税に代えて重加算税が課されるケースにおいて、正当な理由に基づく隠ぺい又は仮装行為は観念することができないこと」にあるとの見解（酒井・附帯税295頁）*33がある。

したがって、過少申告加算税に代えて課される重加算税の賦課決定の争訟においては、まず、重加算税の賦課要件である「隠蔽・仮装」の事実の有無（該当性）が判断されることになる。そして次に、「隠蔽・仮装」の事実が認められないと判断された場合は、過少申告加算税相当部分について国税通則法65条（過少申告加算税）５項の「正当な理由」の事実の有無（該当性）が判断されることとなる（**Q81**（223頁）参照）。

4　過少申告加算税等との相違点

以上のように、重加算税の賦課の適用を除外する規定の内容が、無申告加算税又は不納付加算税に代えて適用される場合と過少申告加算税に代えて適用される場合とでは異なることに留意する必要がある。

また、国外財産調書や財産債務調書の提出による加算税の軽減措置については、過少申告加算税や無申告加算税の場合（**第３章理論編Ⅴ**・75頁、**第４章理論編Ⅵ**・134頁参照）と異なり、重加算税の要件（隠蔽・

*33　これに関して品川・通則法288頁は、「このような重加算税賦課における『正当な理由』をめぐる差異については、観念的には区分できるようにも考えられるが、必ずしも合理的な理由に基づく区分ではないように考えられる。」と述べている。

仮装されたもの）に該当する場合については適用されない（国外送金等調書法６①、６の３①）。

Ⅳ 質問応答記録書

税務調査が終了するタイミングで、調査担当職員が作成した「質問応答記録書」なる文書に、納税者の協力と署名を求められることがある。この質問応答記録書は、法定の書面ではないのだが（＝法定外の行政文書）、後の争訟の際に証拠として用いるために作成されているものであるから、重要である。そして、この質問応答記録書が作成されるのは、多くの場合、重加算税が賦課されるケースであるので、ここでその意義等を確認しておこう（Q77、Q78（213～215頁）参照）。

1 質問応答記録書の意義

「質問応答記録書」とは、文字どおり、納税者や反面調査先等（以下、本章において「納税者等」という）に対する質問への応答を記録した行政文書であり、前述のように根拠法令はない。

そもそも税務調査で行われる「質問検査等」とは、調査担当職員の質問検査権の規定（通則法74の２～74の６）による⑴質問、⑵検査又は⑶提示・提出の要求をいうが（通則法74の９①柱書かっこ書）、このうち物的証拠が残らない⑴について証拠化するために作成されるのが質問応答記録書である。

このような質問応答記録書の意義について、国税庁課税総括課『質問応答記録書作成の手引』（平成25年６月）（TAINS：H250626課税総括課情報）*34の「はしがき」（４頁）では次のように述べられている（下線著者）。

〈質問応答記録書の意義〉

質問応答記録書は、調査関係事務において必要がある場合に、質問検査等の一環として、調査担当者が納税義務者等に対し質問し、それに対し納税義務者等から回答を受けた事項のうち、課税要件の充足性を確認する上で重要と認められる事項について、その事実関係の正確性を期するため、その要旨を調査担当者と納税義務者等の質問応答形式等で作成する行政文書である。

事案によっては、この質問応答記録書は、課税処分のみならず、これに関わる不服申立て等においても証拠資料として用いられる場合があることも踏まえ、第三者（審判官や裁判官）が読んでも分かるように、必要・十分な事項を簡潔明瞭に記載する必要がある。

この下線部にあるように、質問応答記録書は、課税処分及びその後の争訟における課税庁側の証拠資料として重要な意味があるものである。

また、国税庁課税総括課『質問応答記録書作成の手引』（令和２年11月）（TAINS：課税総括課情報R021120-03）（以下「手引」という）V－１頁以下の「質問応答記録書作成事例集」を見ると、収入・売上げの除外、架空外注費、架空人件費、水増し仕入れ、棚卸除外などが掲げられていることから、実際の税務調査で質問応答記録書が作成されるのは、多くの場合、重加算税が賦課されるようなケースであると考えられる。

質問応答記録書は法定文書ではないので、その作成に納税者等が協力することはあくまでも任意であり、拒否することも当然に可能である。

質問応答記録書の書式は、次頁のとおりである。なお、この書式は令和２年に改訂され、押印が不要となった。

＊34　この手引の（著者が入手できている）最新版は、令和２年11月付けのものであるが、この最新版では、以下に引用する箇所はマスキングされてしまっている。

（　　）枚のうち（　　）枚目

質問応答記録書	
回答者　住　　所　〇〇市××区・・・・・	
氏　　名　甲野太郎	
生年月日、年齢　昭和〇〇年〇〇月〇〇日生（〇〇歳）	
本職は、令和２年10月30日、△△市△△区・・・・・の「凹凸陶芸教室」の事務所において、上記の回答者から、任意に次のとおり回答を得た。	
質問応答の要旨	
問１	あなたの職業を教えてください。
答１	私は、凹凸陶芸教室を主宰し、代表者をしています。
	なお、凹凸陶芸教室は法人ではなく、私が個人として経営しています。

省　略

問35	以上で質問を終わりますが、何か訂正したいこと又は付け加えたい
	ことはありますか。
答35	■■■
	■■■
	他に訂正や追加はありません。
	（回答者）　甲野　太郎
	以上のとおり、質問応答の要旨並びに当該頁番号及び総頁数を記録
	して、回答者に対し読み上げ、かつ、閲読させたところ、回答者は誤
	りのないことを確認し、本文末尾及び各頁に署名した。
	令和２年10月30日
	（質問者）　〇〇税務署　財務事務官　■■　■■
	（記録者）　〇〇税務署　財務事務官　▲▲　▲▲

（出典）手引Ⅴ－５～13頁を基に作成。なお、一部マスキングが施してある。

2 質問応答記録書作成のフロー

質問応答記録書作成のフローは、図表6－3のとおりである（手引Ⅰ－1頁参照）。

■図表6－3

1　事前準備

↓

2　質問応答記録書の作成

↓

3　回答者に対する読み上げ・閲読

↓

4　回答者に対する署名の求め

↓

5　回答者に対する各ページ確認欄への署名の求め

↓

6　奥書の記載及び調査担当職員の署名

↓

7　完成後の対処・その他

応用編

Ⅰ　重加算税の共通項目

1　重加算税の課税要件

Q58　過少申告加算税等に代えて重加算税を課す場合の要件（通則法68①等）とは、具体的にどのような内容でしょうか。

A　例えば、過少申告加算税に代えて、重加算税を課す場合の要件として、次のような内容が規定されている（通則法68①）。

まず、「第65条第１項（過少申告加算税）の規定に該当する場合」として、①過少申告加算税が課される要件を充足することが必要となる。次に、「納税者がその国税の課税標準等又は税額等の計算の基礎となるべき事実の全部又は一部を隠蔽し、又は仮装し、その隠蔽し、又は仮装したところに基づき納税申告書を提出していたとき」として、②納税者がその国税の課税標準等又は税額等の計算の基礎となるべき事実の全部又は一部を隠蔽し、又は仮装をすること、③その隠蔽し、又は仮装したところに基づき納税申告書を提出することが、重加算税を課すための要件として、規定されている（**第６章理論編Ⅰ2**・163頁参照）。

つまり、「重加算税を課するためには、納税者のした過少申告行為そのものが隠ぺい、仮装に当たるというだけでは足りず、過少申告行為そのものとは別に、隠ぺい、仮装と評価すべき行為が存在し、これに合わせた過少申告がされたことを要する」（最判平成７年４月28日民集49巻４号1193頁）とされている。

したがって、例えば、計算ミス、桁数誤り、数字の転記（入力）ミス等によって、過少申告の金額が多額である場合、このようなミス等による申告は重加算税の賦課要件をただちに充足するものとはいい難い。

2 「課税標準等又は税額等の計算の基礎となるべき事実」（通則法68①）の意味等

Q59 「課税標準等又は税額等の計算の基礎となるべき事実」（通則法68①）とは、具体的にどのような内容でしょうか（どのようなことを意味するのでしょうか）。

A 各税法の規定によりさまざまな状況が考えられるが、例えば、「各税法の申告規定との対比によって明らかにされる。所得税に関しては、所得税法22条、120条１項にいう課税標準である総所得金額、退職所得金額及び山林所得金額の計算の基礎となった各種所得の金額、所得控除額並びに税額控除額等、同法21条所定の所得税額の計算の基礎となる事実を指す（同法120条１項５号、９号、11号参照）。」（京都地判平成４年３月23日訟月40巻４号866頁）とされている。

例えば、課税標準等又は税額の計算の基礎となる事実の該当性に関して、納税者は、インターネット上の販売サイトにおいて、納税者の親族の氏名を記載していたが、納税者の携帯電話番号を表示していること、商品の仕入れや売上代金の回収等の取引において、納税者名義の口座を用いていたことを踏まえると、納税者に帰属する売上げを秘匿する等の隠蔽行為を行っていたとは認めることはできないとした上で、「本件ネット販売において、課税標準等又は税額の計算の基礎となる事実の隠蔽又は仮装の行為があったとは認められず、請求人に、通則法第68条第２項に規定する『隠蔽し、又は仮装し』に該当する事実があったとは認められない。」とされた事例がある（令和５年１月

27日裁決裁事130集)。

また、類似の事例において、アドバイザリー業務に係る契約書の契約締結日が真実と異なる記載であったとしても、契約締結日は課税仕入れの時期の判定要素となるものではないから、役務提供の真実の完了を仮装したことにはならないとされている(平成16年5月19日裁決裁事67集)。

3 修正申告と重加算税賦課との関係

Q60 当初の確定申告において事実の隠蔽・仮装行為はなかったが、修正申告において事実の隠蔽・仮装行為があった場合でも、重加算税は賦課されるのでしょうか(事実の隠蔽・仮装の有無が問題とされる申告は、当初申告のみでしょうか)。

A 重加算税の賦課対象である「納税申告書」(通則法68①・②)の定義において、確定申告書に限定されておらず、修正申告書も含まれる(通則法2六)。

例えば、確定申告時に存在を認識しなかった相続財産について、修正申告前に把握し、当該財産を除外した形で修正申告書を提出した場合、つまり、法定申告期限後に事実の隠蔽・仮装行為を行った場合、東京高判平成16年7月21日訟月51巻8号2176頁は、「通則法68条1項にいう『納税申告書』とは、申告納税方式による国税に関し国税に関する法律の規定により、課税標準等及び税額等の事項その他当該事項に関し必要な事項を記載した申告書をいうところ(同法2条6号)、修正申告書(同法19条3項)も『納税申告書』に該当することは、同法の上記規定に照らして明らかであり、同法68条1項の文理上、通常の期限内申告と修正申告を別異に解すべき理由はない。」として、修正申告書を提出した納税者に対して重加算税が賦課されると判示している(類似の事例として、納税者が基準期間の課税売上高が1,000万円を超えているかのように装った同期間の修正申告書を提出した行為は、事実を隠蔽・仮装する行為に該当するとした事例（平成23年４月19日裁決裁事83集）がある）。

なお、義務的修正申告と重加算税の賦課要件との関係に関して、①国税通則法65条１項が租税特別措置法33条の５第３項２号により読み替えられ、「当初申告書を提出したが、義務的修正申告期限内に義務的修正申告書を提出せず、当初申告書どおりに過少な納税義務を確定させたこと」を要件として適用されることとされること、②隠蔽し又は仮装したところに基づき納税申告書を提出していたことの要件も前記の①に対応させ、納税者が、義務的修正申告期限内に、収用等に係る所得について、隠蔽・仮装行為を行い、その隠蔽・仮装行為に基づいて義務的修正申告期限内に義務的修正申告書を提出せず、当初申告書どおりに納税義務を確定させたのであれば、当該要件を充足すると解すべきであるとされている。このような解釈を踏まえ、租税特別措置法33条の規定の適用を受ける旨の記載がされていた確定申告書を提出した後、代替資産をまったく取得していないにもかかわらず、税務署長に対し、納税者が、代替資産を取得した旨を証する書類を提出し、義務的修正申告書を提出しなかった場合、重加算税の賦課要件は満たされるとした事例（神戸地判平成19年３月９日訟月54巻５号1104頁）がある。

また、係争事業年度よりも前二期の事業年度において、架空の仕入れを工事原価台帳に記載した行為に基づき計算上発生した繰越欠損金を係争事業年度の損金に算入したことについて、係争事業年度についても、仮装したところに基づき納税申告書を提出したということができるとした事例（東京高判昭和63年４月28日税資164号327頁）が、さらに、類似するものとして、清算予納申告において、係争事業年度前の事業年度において、架空仕入れを計上、係争事業年度の繰越欠損金を増加させていたことが仮装したところに基づき納税申告書を提出したことに該当するとされた事例（広島高判平成10年９月30日税資238号487頁）がある。

4　還付申告と重加算税賦課との関係

Q61　還付申告をした者にも重加算税（加算税）が賦課されるのでしょうか。

A　内容が虚偽である還付申告書を提出した者にも重加算税（加算税）が賦課されるとされている（大阪高判平成16年９月29日訟月51巻９号2482頁）。

5　重加算税の免除要件

Q62　重加算税が賦課されない場合（免除される場合）とは、どのような場合でしょうか。

A　まず、過少申告加算税に代えて重加算税が課される場合であるが、国税通則法68条１項かっこ書（「修正申告書の提出が、その申告に係る国税についての調査があつたことにより当該国税について更正があるべきことを予知してされたものでない場合を除く。」）に該当する場合、つまり、更正の予知に該当しない修正申告書が提出された場合、重加算税が賦課されないものとされている（通則法68①）。つまり、過少申告に関して、隠蔽又は仮装の事実があったとしても、納税者が隠蔽等の事実を認め、自発的に修正申告書を提出した場合には重加算税が賦課されないこととされている（**第６章理論編Ⅲ**1 2 3・171頁参照）。

例えば、従業員の横領事案に関して、当該職員に事前に相談し、更正の予知に該当しない修正申告書を提出した事例として、平成23年５月11日裁決裁事83集は、「Ｆ専務は、少なくともＧ税務署で面談職員らに事前説明した平成21年10月19日頃までには本件水増しのすべてを把握し、修正申告をする決意をし、事前説明の際には、面談職員らに対して、本件水増しについて説明した上、調査を求め、それに基づいて同月22日に本件調査が行われたものと認められるから、請求人は、自発的に修正申告書を提出する決意を有しており、その請求人の修正申告の決意は、F専務の面談職員らに対する事前説明において、客観的に明らかになったものということができる。そうすると、本件修正申告書の提出は、申告漏れの事実について自発的にしたものであり、調査があったことにより更正があるべきことを予知してされた修正申告書の提出には当たらない。」として、重加算税賦課決定は違法と判断している。

次に、無申告加算税及び不納付加算税に代えて重加算税が課される場合、①「正当な理由」があると認められる場合（通則法68②かっこ書、66①柱書ただし書、68③かっこ書、67①ただし書）、②更正の予知等に該当しない場合（更正を予知しないで提出した期限後申告書等の提出（通則法68②かっこ書）や告知があるべきことを予知してされたものではない源泉徴収等による国税の納付（通則法68③かっこ書、67②））、あるいは、③法定申告期限内（法定納期限内）に申告（納付）する意思があったと認められる場合（通則法68②かっこ書、66⑨、68③かっこ書、67③）については、重加算税が賦課されない（あるいは徴収されない）とされている（**第6章理論編Ⅲ④**・172頁参照）。

Ⅱ 事実の隠蔽・仮装の意義等

1 事実の隠蔽・仮装に該当する行為や態様等

Q63 課税標準等・税額等の計算の基礎となるべき事実を隠蔽・仮装すること、あるいは、隠蔽・仮装することに基づき納税申告書を提出することはどのようなことを意味するのでしょうか。具体的には、どのような行為が、事実の隠蔽・仮装と評価されるのでしょうか。

A 「国税の課税標準等又は税額等の計算の基礎となるべき事実の全部又は一部を隠蔽し、又は仮装し」（通則法68①）に該当する事実として、二重帳簿の作成、帳簿等の廃棄又は隠匿、帳簿書類の改ざん等が課税庁の解釈として、示されている（重加算税指針（所）第1の1等）（**第6章理論編Ⅰ**4(1)・166頁参照）。

また、重加算税指針（所）等において課税庁が例示した事実に関して、以下の裁判例や裁決例において、納税者等の行為が事実の隠蔽・仮装に該当する、あるいは、該当しないといった判断が示されている。

(1) 二重帳簿作成に該当する事例

例えば、除外した売上げについて、裏帳簿を作成し、管理した上で、売上除外をした帳簿を税務調査時に当該職員に提示した事例（名古屋地判平成2年12月21日税資181号1051頁）がある。

(2) 帳簿書類や契約書類等の廃棄（隠匿）等に該当する事例

例えば、同業者に対して強制調査が行われたことを知るやいなや、預金全部を払い出して当該預金通帳を焼却した上で、課税標準の計算の基礎となる貸借対照表中に預金を計上しなかった事例（大阪高判昭和33年11月27日行集９巻12号2631頁）がある。

(3) 帳簿書類の改ざん、架空の契約書の作成等に該当する事例

例えば、実際の譲渡代金とは異なる譲渡代金を記載した虚偽の契約書を作成し、当該虚偽の契約書の金額に基づき申告した事例（東京地判平成２年１月29日税資175号170頁）、架空のタイムカードを作成し、これに基づいて、虚偽の賃金台帳を作成し、給料一覧表及び賞与試算表にそれぞれ虚偽の記載を行い、当該給与等を必要経費に算入した事例（東京地判平成23年３月25日税資261号順号11655）、工事を実施した事実がないにもかかわらず、当該工事に係る領収証が虚偽であり、当該工事代金を必要経費に算入した事例（東京地判平成26年９月25日税資264号順号12533）、特定の株式等を相続財産に含めずに相続税の申告書を提出する上で、被相続人が取得した当該株式を関連会社が取得したようにするために関連会社の関係書類を改ざんし、当該書類を添付した当該法人の確定申告書等の作成等を行った事例（東京高判平成13年４月25日訟月48巻７号1812頁）、連続した事業年度において棚卸資産を除外した場合（鳥取地判平成４年３月３日訟月38巻10号1960頁（なお、「連続した事業年度にわたり棚卸除外を行っている場合は、その期の「隠ぺい」した所得は、〔当期の棚卸除外額〕マイナス〔前期の棚卸除外額〕ということ」になると示されている））、法人が、その所有に属する株式を売却して利益を上げながら、これを代表取締役に属するものとして法人税の課税を免れる目的で、帳簿操作等を行ってこれを仮装し隠蔽しようとしたものと認められると判断された事例（東京地判平成４年６月25日税資189号771頁）がある。

(4) 帳簿書類の隠匿、虚偽記載等に該当しない事例

他方、架空の契約書等の作成等によるもの等でないときで、「過少に計上した部分の収入金額を、翌年分に繰り越して計上しているこ

と。」等の場合、帳簿書類の隠匿等に該当しないとされている（重加算税指針（所）第１の２等）。

例えば、工事代金の一部を本件事業年度の売上げに計上しないで、売掛金の過入金として処理したことは、重加算税を課すべき事実に該当しないと判断された事例（平成12年11月15日裁決裁事60集）がある（類似の事例として、請求人が木材の輸入取引において仕入れに計上した取引額の一部に、本事業年度以外の事業年度の損金の額に算入すべきものがあるが、当該金額については、架空、金額の水増し又は重複計上などによって過大に計上したものとは認められず、損金算入時期の誤りによるものと認められるから、重加算税の賦課要件たる事実を隠蔽仮装したことには当たらないとした事例（平成12年１月31日裁決裁事59集）がある）。

(5) その他隠蔽・仮装に該当する事例

なお、重加算税指針（所）第１の１等で例示されている事実のいずれに区分できるとはいい難いが、次のような納税者の行為は、事実の隠蔽・仮装に該当するとされている。

例えば、法人（納税者）と個人との間で相互に土地の売買が行われた事例において、①時価を前提として売買の交渉等を行っていたこと、②売買価額を相互に5,000万円ずつ圧縮する（相互に値引きする）とした契約を締結し、当該契約に基づき履行がなされたこと、③２つの取引は相互に関連性をもって成立していること、④納税者は当該個人と覚書を交わして売却する不動産を5,000万円値下げする自己の経済的負担の見返りとして、当該個人の土地の価額5,000万円の値引きを求め、当該値引き後の金額で取引を行ったことを踏まえ、「あたかも5,000万円を差し引いた価額が真実の売買価額であるかのように仮装し、租税負担の軽減を図ろうとしたことが認められる。」として、重加算税賦課決定が妥当とされている（広島地判平成９年１月29日税資222号206頁）。

また、納税者の実名の口座であっても、公表預金口座である銀行預金口座とは別に預金口座を開設し、当該口座を記帳担当者に内密にし、管理して、当該口座に売上金の一部を入金していた場合、隠蔽・仮装の事実に該当するとされている（平成12年12月12日裁決裁事60集）。

さらに、東京地判令和２年３月26日税資270号順号13406では、特定の飲食店における法人の代表者の利用が多数回であり、多額の支出について、業務と関連がないことが明らかでないにもかかわらず、当該代表者が当該法人を名宛人とする領収書を求め、当該領収書に基づき、当該支出を交際費に計上した総勘定元帳を作成することにより、当該支出を交際費として損金に算入した上で、法人税等の申告書を提出したことが、法人税等の課税標準の計算の基礎となるべき事実を隠蔽し，仮装し，その隠蔽し仮装したところに基づき納税申告書を提出したというべきとしている。

2　事実の隠蔽・仮装と積極的な行為の有無との関係

Q64　二重帳簿の作成や架空名義の利用といった積極的な行為が存在しなければ、国税通則法68条に規定されている事実の隠蔽・仮装があるものと判断されないのでしょうか。

A　納税者の特定の行為が事実の隠蔽・仮装に該当するか否かを判断する上で、二重帳簿の作成、架空名義の利用、あるいは、資料の隠蔽等の積極的な行為が存在したことまでは必要とされていない。

例えば、納税者が会計帳簿等により事業規模を正確に把握していたにもかかわらず、総所得の３％程度の金額のみを申告（いわゆる「つまみ申告」）した後、何度も修正申告を行い多額の最終申告に至っていること、税務調査において、過少の収入金額を記載した資料を提出していた等の対応をしていた場合、最判平成６年11月22日民集48巻７号1379頁は、「単に真実の所得金額よりも少ない所得金額を記載した確定申告書であることを認識しながらこれを提出したというにとどまらず、本件各確定申告の時点において、白色申告のため当時帳簿の備付け等につきこれを義務付ける税法上の規定がなく、真実の所得の調査解明に困難が伴う状況を利用し、真実の所得金額を隠ぺいしようという確定的な意図の下に、必要に応じ事後的にも隠ぺいのための具体的工作を行うことも予定しつつ、前記会計帳簿類から明らかに算出し得る所得金額の大部分を脱漏し、所得金額を殊更過少に記載した内容虚偽の確定申告書を提出したことが明らかである。」として、隠蔽したところに基づき納税申告書を提出した場合に当たると判断している。

また、納税者が、架空の取引名義を使うといった積極的なことを行っていなかったが、顧問税理士からの株式の取引に関する質問や資料の提示を求められたにもかかわらず、資料を示さず、株式に係る申告を行わなかった場合、当初から所得を過少に申告することを意図し、その意図を外部からもうかがい得る特段の行動をした上、その意図に基づく過少申告をしたような場合には、重加算税の賦課要件である事実の隠蔽・仮装が満たされるものと解するのが相当であるとされている(最判平成7年4月28日民集49巻4号1193頁)。

3 過少申告の意図を外部からもうかがい得る特段の行動等の意義

Q65 「所得金額を殊更過少に記載した内容虚偽の確定申告書を提出したこと」や過少申告の意図を外部からもうかがい得る特段の行動とは具体的にどのような行動が該当するのでしょうか(逆にどのような行動が該当しないのでしょうか)。

A 上記2でも紹介したように、最判平成7年4月28日民集49巻4号1193頁は、「重加算税制度の趣旨にかんがみれば、架空名義の利用や資料の隠匿等の積極的な行為が存在したことまで必要であると解するのは相当でなく、納税者が、当初から所得を過少に申告することを意図し、その意図を外部からもうかがい得る特段の行動をした上、その意図に基づく過少申告をしたような場合には、重加算税の右賦課要件が満たされるものと解すべきである。」として、①納税者が所得を過少に申告する意図を有し、②過少に申告する意図を外部からもうかがい得る特段の行動をした場合、重加算税の賦課要件が充足されるとしている。

以下のように、納税者の行動や対応等を踏まえ、納税者の申告に対して、重加算税の賦課が妥当とされない事例や妥当とされた事例がある。

(1) 過少申告の意図を外部からもうかがい得る特段の行動をしたものと認めることができないとされた事例

例えば、納税者（担当者）の事務上のミス、あるいは、事務手続上の不知等の結果、申告漏れ等の過少申告が生じた場合、次のような事情等が考慮され、結果として、重加算税賦課決定が取り消された事例（平成30年１月30日裁決裁事110集）がある。具体的には、税務調査において、問題となった生命保険金が課税当局により容易に把握できる口座に振り込まれていたこと、当該保険金の記載のある手控え用一覧表を特にちゅうちょすることもなく調査担当職員に提示したことといったように納税者が税務調査に非常に協力的であることが考慮され、「請求人が、本件相続に係る相続財産を正確に把握していたにもかかわらず、あえて本件各無申告保険金及び本件遺族一時金を記載せずに本件税理士提出用一覧表を作成したとの事実を推認することはできず、ほかにこの事実を認めるに足りる証拠はない。」として、「請求人が本件税理士提出用一覧表を作成した行為は、本件各無申告保険金及び本件遺族一時金の存在を隠匿したとか、故意にわい曲したものと評価することはできず、通則法第68条第２項に規定する隠ぺい又は仮装の行為に当たらないといわざるを得ない。」と判断された。

また、平成30年10月２日裁決裁事113集は、①税理士に対し、被相続人や請求人の戸籍謄本などのほか、貯金等残高証明書ならびに被相続人の取引金融機関及び取引証券会社に係る残高証明書等の書類を手渡したこと、②税理士が、請求人に対し、追加で資料等を持参するように依頼したが、その際、相続財産には、農業協同組合が取り扱っている建物更生共済契約に関する権利や農業協同組合に対する出資金が含まれるという個別具体的な説明をしなかったこと、③課税庁が容易に把握し得ないような他の金融機関や請求人名義以外の口座などに入金したといった、課税庁をしてその発見を困難ならしめるような意図や行動をしていないこと等を踏まえ、請求人において、当初から相続財産を過少に申告することを意図し、その意図を外部からもうかがい得る特段の行動をしたと認めることはできないと判断した。

さらに、令和4年5月10日裁決裁事127集では、相続財産である貯金口座の残高証明書を取得せず、当該貯金の存在を本件会計事務所に伝えなかった一連の行為に関して、貯金の相続手続を残高証明書の発行依頼手続と誤解した可能性や残高証明書の発行依頼手続を失念した可能性を否定できないこと、相続人らをそれぞれ契約者とする保険契約の保険料は、問題となった貯金口座から支払われているが、当該貯金の存在をうかがわせることになる申告書の記載に留意し、問題となった申告に先立ち何らかの秘匿工作をとっていてもおかしくないが、請求人がそのようなことをした形跡などもないことを考慮し、貯金口座の残高証明書を取得しないといった一連の行為において、当初から相続財産を過少に申告することを意図し、その意図を外部からもうかがい得る特段の行動をしたものと評価すべき事情は認められないとされた。

加えて、広島高岡山支判平成22年10月28日税資260号順号11542は、会計業務等を目的とする株式会社を設立し、同社と納税者個人（原告）の税理士事務所は、同一の事務所で業務を行い、会計業務等を委託した企業から、当該株式会社の業務に係る報酬のほか、原告の税理士業務に係る報酬を収受し、当該報酬が株式会社の預金口座に入金されたが、当該株式会社の法人税の確定申告を行う上で、原告個人の報酬金額を減額（除外）して当該法人の収入を計算し、当該株式会社の従業員が除外した金額をメモとして作成し、納税者個人が当該株式会社から除外した金額を自身の確定申告の際に収入に計上していなかった事例について、次のような事情を踏まえ、以下の判断を示した。まず、収入除外の一覧表のようなメモが作成されていたこと、当該メモを納税者が確認することがなかったこと、当該メモを税務調査時に躊躇なく提示したことを踏まえ、納税者がずさんな態度で確定申告を行ったとみる余地はあるとして、資料の確認・精査を怠ったため、自己の収入に関する事実を十分に把握していなかった上、株式会社に帰属するのか自己に帰属するのかについても適正明瞭な判断ができていなかったために、多額の申告漏れを生じさせたのであって、正しい収入額と申告収入額との差額について、過少申告の意図自体を認めることはできず、過少申告の意図を外部からもうかがい得る特段の行動をしたものと認めることもできないのであるから、納税者個人に隠蔽、仮装と評価すべき行為があったとはいえないとしている。

(2)　過少に申告する意図が認められたものの、その意図を外部からもうかがい得る特段の行動があったものと認めることはできないとされた事例

例えば、平成28年7月4日裁決裁事104集は、まず、事業所得をすべて秘匿した確定申告書を提出したことは、当初から所得を過少に申告する意図の下になした過少申告行為と認めるのが相当であると判断した。

ただ、事業に係る帳簿を作成していないものの、業務委託料に係る請求書等については納税者自らパソコンで作成していること、当該業務委託料は、すべて請求人が管理する口座に入金されていること、支払報酬に関する振込手続は、請求人自らパソコンを使用して行っていること、請求人は、各契約書、請求書等の書類等についてもこれらを破棄することなく、パソコン等に保存していたことからすると、納税者が事業に係る帳簿を作成していないのは、これらの書類等により、

事業に関する収入金額、必要経費及び請求人自ら処分可能なおおよその利益を把握することができたためである可能性が残り、国税不服審判所の調査等で収集した証拠を総合しても、納税者が事業に関する正当な収入金額、必要経費及び所得金額を秘匿するためにあえて帳簿を作成しなかったとまでは断定し難いとした上で、納税者が事業に係る帳簿を作成していなかったことをもって、過少申告等の意図を外部からもうかがい得る特段の行動とまでは評価することができないと判断した。

(3) 納税者が所得を過少に申告する意図を有し、過少に申告する意図を外部からもうかがい得る特段の行動をした場合等と判断された事例

例えば、無申告に係る事例であるが、東京高判令和３年４月28日訟月69巻９号970頁は、まず、①事業所得及び不動産貸付けに係る不動産所得がそれぞれ相当額あり、所得税等につき確定申告をしなければならないことを認識していたことが認められること、②事業及び不動産貸付けいずれについても、帳簿等を作成したことがなく、経費に係る領収書の一部を取得せず、又は廃棄していたこと等を踏まえ、当初から収支を正確に把握しようとしていないとした上で、「当初から税務当局に対し真実の所得状況を申告する意思がなかったことは明白であり」、また、各年分の所得税等につき、「当初から各法定申告期限までに納税申告書を提出しないことを意図していたことが認められる。」と判断した。

次に、事業及び不動産貸付けについて市役所（市民税課）が把握することを避けるために，市民税課が所得状況を調査した際、預貯金で生活していた旨の殊更虚偽の内容を記載した回答書を提出するとともに、収入状況について、失業等により収入が全くなかった旨生計の方法として預貯金等を取り崩していた旨の殊更虚偽の内容を記載した国民健康保険料所得申告書を繰り返し提出していたといった納税者の行動に関して、「その所得状況をおよそ申告しないという意図があった

ことをうかがわせるものであり，そうすると，その所得状況を申告することが必然的に要求される所得税等及び消費税等に係る納税申告書の提出をしないという意図があったことをもうかがわせるものであるというべきである。」とした上で、「当初から法定申告期限までに納税申告書を提出しないという意図を外部からもうかがい得る特段の行動に当たるというべきである。」と判断し、重加算税の賦課要件を充足するものと認められるという結論を示した。

また、名古屋高判令和３年５月26日税資271号順号13568は、①請求書や領収書を基に収入金額や経費を勘定科目ごとに整理した集計ノートを作成し、所得金額を把握していながら、少なくとも７年にわたって、所得金額に比して少額の所得金額を記載した申告書を提出し続けたこと、②税務調査において、集計ノート等の資料が存在するにもかかわらず、帳簿等は作成していない旨の虚偽の供述をし、事業の収益を納税者の父等の他人名義の口座に入金するなどして分散させたことについては、その必要性を合理的に説明できていないことを踏まえ、当初から所得を過少に申告することを意図し、その意図を外部からもうかがい得る特段の行動をした上、その意図に基づく過少申告をしたものといえるものとして、重加算税の賦課要件は満たすという結論を示した。

さらに、令和５年２月８日裁決裁事130集は、納税者が、不動産売買取引等に係る所得金額等を申告していないことについて、①各売買取引について、物件の売却の都度、速やかに売買計算表を作成して収支計算をし、その物件に係る利益を把握し、また、各売買取引に係る所得金額等も事業所得等として申告をする必要があることを認識していたにもかかわらず、不動産賃貸仲介等に係る金額のみが記載され、各売買取引の内容が反映されていない帳簿書類たる業績管理表のみに基づいて、確定申告を行ったこと、②売買取引に係る書類を一切持参せず、不動産賃貸仲介等に関する資料等のみを持参して、申告相談を受け、また、申告相談を担当した税務署の職員に対して、各売買取引については、どのように確定申告すればよいかを質問しなかったこと、

③税務調査において、当初、調査担当職員から繰り返し質問を受けたにもかかわらず、複数回にわたって各売買取引を行っていることを否認し、関係書類を提出しなかった等を踏まえ、各売買取引の存在及びその内容を秘匿する意図に基づくものと推認され、このことからも納税者が確定申告に各売買取引に係る所得金額等を含めなかったのは、各売買取引に係る所得金額等を申告しないことを意図したものであって、納税者が、法定申告期限において、当該意図を有していたことが推認されると判断している。

加えて、令和２年２月19日裁決裁事118集は、事業に係る総収入金額、必要経費及び事業所得の金額等を正確に把握していたにもかかわらず、７年間もの長期間にわたって、各年分の総収入金額を1,000万円以下に調整したところで、極めて過少な所得金額を記載した確定申告書を継続的に提出し続け、また、税務調査において、虚偽の書面を作成し、調査担当職員に提示する等の納税者の一連の行為に関して、当初から所得を過少に申告することを意図し、その意図を外部からもうかがい得る特段の行動をした上、その意図に基づく過少申告をしたような場合に該当するというべきとしている。

4　重加算税の賦課を判断する上で考慮される事情

Q66　重加算税が賦課されないとされた事例において、どのような事情が考慮されたのでしょうか。

A　最高裁判決や上記3の事例等を踏まえると、過少申告の意図を外部からもうかがい得る特段の行動の有無等を判断する上で、例えば、①納税者による自らの（真実の）納税額等に関する認識の有無及びその程度、②納税者が過少に申告した所得の額及びこれが真実の所得に占める割合、③納税者の行動の継続性、反復性（過少申告が単年度か複数年度か）、④上記②及び③により隠蔽した金額、⑤納税者の税務調査に対する対応の有無及びその内容等が考慮されるとされている（定塚・行訴190頁）。

また、具体的に考慮されると考えられる重要な事情等として、例えば、①申告漏れとされた保険金等の金銭が振り込まれたといった口座が誰の口座であるのか（納税者本人、他人、あるいは、仮名であるのか）、あるいは、当該口座を秘匿したといった積極的な隠蔽・仮装の行為を行ったか否か（参考：事業の経営又は取引等について、本人以外の名義又は架空名義で行っていること（重加算税指針（所）第1の1(3)）等）、②税務調査における納税者の対応の状況（虚偽答弁の有無や答弁の拒否の有無等）（参考：調査等の際の具体的事実についての質問に対し、虚偽の答弁を行っていること等（重加算税指針（所）第1の1(8)）等）、③税理士等の専門家に相談したのか否か、仮に、税理士等に相談した場合、どのような相談が行われたのか、あるいは、当該税理士等はどのような資料をどのように確認したのか等といった事情が考慮されるものと考えられる。

(1) 口座の名義等

口座の名義等が重視された事例として、無申告であった保険金をいずれも納税者名義の預金口座への振込送金により受領していること、調査の際には、調査担当職員からの求めに応じて、預金口座に係る預金通帳等を逡巡なく提示していることを踏まえ、当初から相続財産を過少に申告することを意図し、その意図を外部からもうかがい得る特段の行動をした上、その意図に基づく過少申告をしたものとは認めることができないとされた事例（平成28年5月20日裁決裁事103集）がある。

また、納税者は、口座が発見されることを防止したり、口座の預金が相続財産に含まれないように装ったりする等の積極的な措置を行っていないことからすれば、お尋ね回答書を提出したことや、調査の当初は各口座の存在を隠していたことをもって、隠蔽又は仮装の行為と評価することは困難とした事例（平成28年4月25日裁決裁事103集）

がある。

(2) 税務調査時の対応等

税務調査時の対応が重視された事例として、調査担当職員らに本件調査に必要な一定の書類は提示していることが考慮された事例（令和４年７月１日裁決裁事128集)、居住用財産の譲渡所得の特別控除の特例を適用して所得税等の確定申告に関して、納税者の申告書提出後の言動及び提出文書の記載について、過少申告の意図を外部からもうかがい得る特段の行動と評価すべき事実があったとは認められないとした事例（平成30年９月27日裁決裁事112集)、答弁の拒否が考慮された事例（東京地判昭和52年７月25日税資95号124頁）がある。

また、当初から申告しないことを意図し、その意図を外部からもうかがい得る特段の行動をした上、その意図に基づき期限内申告書を提出しなかったものとは認めることはできないとして、清算金を受領した事実や清算金に関するお知らせ等の資料について隠蔽しようとする態度を一貫してとっていたとか、調査に非協力的な態度をとったとまではいえないとした無申告に係る事例（平成30年１月11日裁決裁事110集）がある。

(3) 税理士等の専門家への相談内容等

税理士等の専門家への相談内容等を重視した事例として、納税者において、税理士による質問の趣旨を取り違えて、損害保険の状況一般についての質問であると誤解していた可能性があること、税理士が通帳を子細に確認すれば、建物更生共済契約に係る共済掛金の存在に気付き、納税者にその事実照会等を行うことも考えられたことに鑑みると、納税者が税理士に対して、共済契約を秘匿しようという意図があったとまで認めることはできないとされた事例（令和３年６月25日裁決裁事123集)、請求人（納税者である相続人の納税義務を承継した個人）らが、弁護士に対し、相続に係る財産の調査に必要な資料としてUSBメモリ等を交付し、当該調査等を依頼したが、当該弁護士が、相続税の法定申告期限間近になってもすべての財産調査を完了することができなかったこと等が考慮された事例（平成30年２月６日裁決裁事110集）、当初の申告代理人からの依頼を受け、遺産分割協議書及び申告書の作成資料として、被相続人に係る戸籍、死亡診断書、被相続人名義の預金口座の残高証明書などの書類を当初申告代理人に手交したこと、当初申告代理人が、納税者に対し、被相続人名義の預貯金に係る通帳の提示や相続の開始前後の入出金について説明を求めなかったこと、税務調査に係る事前の打合せの際には、税理士（当初申告代理人とは別の申告代理人）の求めに応じて被相続人名義の預金通帳等を用意したというのであるから、当初申告代理人からの求めがあれば、被相続人名義の預金通帳等を提示していたと考えるのが自然であるとして、当該納税者が、当初から過少に申告する意図を有していたとか、その意図を外部からもうかがい得る特段の行動をしたとは認められないとした事例（平成30年３月29日裁決裁事110集）がある。

5　虚偽の記載等と事実の隠蔽・仮装との関係

Q67　収支内訳書といった税額の計算に関係する書類等に虚偽や誤った記載があれば、ただちに事実の隠蔽・仮装があるものとして判断されるのでしょうか。

A　事実の隠蔽・仮装があるものとは常に判断されるものではないと思われる。「課税標準又は税額等の計算の基礎となるべき事実の全部又は一部を隠蔽し、又は仮装し」（通則法68①）とされていることから、書類等に何らかの誤った記載や虚偽の記載があるか否かではなく、当該書類に虚偽の記載があることが課税標準等又は税額等の計算の基礎となるべき事実の隠蔽又は仮装といえるか否かが問題となる。

例えば、請求人である納税者が何ら根拠のない収入金額及び必要経費の額を収支内訳書に記載していたことは、過少申告行為そのものであって、過少申告の意図を外部からもうかがい得る特段の行動に当たるとは評価できないと判断されている事例（平成27年７月１日裁決裁事100集）がある。

また、収支内訳書に過少の売上金額等を記載したというだけでは、隠蔽又は仮装の行為があったということができないこととして、過少申告行為そのものとは別に、隠蔽又は仮装の行為が存在し、これに合わせた過少申告がされたものと評価し得るような特段の行動が納税者にあったとは認められないとされた事例（令和元年６月24日裁決裁事115集）がある。

他方、税法上の交換特例規定の適用を受けるためには、棚卸資産であるにもかかわらず、あたかも当初から固定資産として取得したかのような議事録を作成したこと、問題となった土地が固定資産に変更されたとの事実がないにもかかわらず、一度棚卸資産勘定で会計処理したものを固定資産勘定に振り替えたこと等について、「法人税の税額等の計算の基礎となるべき事実である本件譲渡土地が棚卸資産であるとの事実を隠蔽し、本件譲渡土地が固定資産であるとの仮装をし、かかる仮装、隠蔽に基づいて法人税の申告をしたもの」として、重加算税賦課の要件である事実の仮装・隠蔽があったものというべきとされた事例（東京地判平成12年９月29日訟月47巻11号3466頁）がある。

6　税理士等への説明と重加算税との関係

Q68 税理士や弁護士等に納税者の状況や事実の概要等のすべてを正確に伝えていなければ、重加算税が常に賦課されるのでしょうか。

A 重加算税が常に賦課されるものではないと思われる。ただ、税理士や弁護士等への書類の不提示や説明漏れ等が故意であると判断される場合において、重加算税の賦課が妥当とされる場合がある。

例えば、相続人（納税者）が残高証明書に特定の定期預金等の記載がないことを認識しながら、これを税理士に告げず、当該税理士に当該定期預金等の存在を認識する機会を与えないまま、相続税の申告書を作成、提出させたことに関して、相続人（納税者）が相続税の課税標準等の計算の基礎となるべき事実の一部を隠蔽したものと認められるとした事例（東京地判平成14年１月23日税資252号順号9049）、預金の存在を秘匿して相続税の申告をする意思で、すなわち、当初から財産を過少に申告することを意図し、税理士に預金の存在をあえて知らせなかったと認めるのが相当であるとされた事例（平成17年６月13日裁決裁事69集）、相続人（納税者）が、被相続人の金員を現実に保管していた時期であるにもかかわらず、関与税理士に対し、相続開始日に被相続人が保有していた現金の残高に関して、明らかに異なる金額を伝えたことや当該税理士が預金残高証明書の提出を求めたにもかかわらず、提出しなかったこと等が考慮された事例（平成23年９月27日裁決裁事84集）がある。

他方、重加算税賦課決定が取り消された事例（令和元年11月19日裁決裁事117集）において、預金の存在を税理士に伝えなかったことは認められるとした上で、「本件相続人は、本件預金を原処分庁が容易に把握し得ないような他の金融機関や本件相続人名義以外の口座などに入金したのではなく、解約した本件預金の口座と同じ金融機関の本件相続人名義の口座に入金していた」や「調査の際には、本件調査担当職員の求めに応じて、本件預金の使用済通帳を素直に提示していること」といった入金の口座の名義人や調査への対応状況等が考慮されている。

なお、相続税の納税者について、一生に１回や２回程度の相続に際して、税理士等の専門家と相談することがあるといえるが、税理士等との間の意思疎通が不十分であったため、書類の受渡しや提示等が不十分となり、結果として、過少申告になる場合があると考えられる。このような場合、過少申告であることに「正当な理由」（通則法65⑤一）があると認められなければ、過少申告加算税が賦課されること自体を免れることはできないといえる。ただ、税理士等との間の意思疎通が必ずしも十分ではない場合、事実の隠蔽や仮装が認められること、あるいは、「税を過少に申告する意図が認められること」、「その意図を外部からもうかがい得る特段の行動をしたこと」に該当するものとして、重加算税が常に賦課されるとはいい難いものと思われる（梅本・重加392頁）。

ただ、特定の所得につき事実を隠蔽することや仮装することについて、納税者と税理士等の代理人との間に意思の連絡があったと認められるのであれば、重加算税の賦課の要件（通則法68①）を充足するものというべきとされている（最判平成17年１月17日民集59巻１号28頁。一方、代理人が不正な申告を行ったことを知らず、当該代理人に所得税の納付のために金銭を交付した納税者に対する重加算税賦課決定が違法とされた事例（大阪高判平成３年４月24日判タ763号216頁）もある）。

7　源泉所得税と重加算税との関係

Q69　源泉所得税に関して、重加算税が賦課される場合としてどのような事例が考えられるのでしょうか。

A　例えば、実際は海外旅行であったにもかかわらず、国内旅行であったとする架空の書類を旅行社に作成させたこと、当該書類に基づき、国内旅行を行ったとして、福利厚生費を計上する経理をし、源泉徴収を行わず、さらに、税務調査を行った当該職員に対して、国内旅行を実施したと虚偽の説明をしたことは、源泉所得税に関する事実を仮装したものと認めるのが相当であるとされた事例（昭和59年３月31日裁決裁事27集）がある。

8　税を免れる目的以外の他の理由と事実の隠蔽・仮装との関係

Q70　所得税等を逋脱（ほだつ）する目的で事実の隠蔽・仮装を行うことが、重加算税を賦課する上で必要とされるのでしょうか。税を免れる目的以外の他の理由で事実の隠蔽・仮装を行った場合でも、事実の隠蔽・仮装といった重加算税の賦課要件は充足されるのでしょうか。

A　税を免れる目的以外の他の理由で事実の隠蔽・仮装を行った場合であっても、国税通則法68条の要件は充足されるとして、重加算税が賦課されることとなる。

国税通則法68条に関して、「納税者が故意に課税標準等又は税額等の計算の基礎となる事実の全部又は一部を隠ぺいし、又は仮装し、その隠ぺい、仮装行為を原因として過少申告の結果が発生したものであれば足り、」と解されており、また、事実の仮装や隠蔽を行ったことについて、故意であることが必要とされている（最判昭和62年５月８日訟月34巻１号149頁）が、税を免れる目的は必要とされていない。

例えば、労働基準監督署の指摘を免れるために、勤務時間や出勤日関係の台帳を改ざんし、結果として、支払給与に係る源泉徴収税が不納付であった場合、重加算税が賦課されることになると考えられる（品川・附帯税313頁）。

また、違法ソフトの使用が露見することを避けるためや予算処理の手続上の理由から、事実とは異なる書類の作成等が行われたことに関して、重加算税の賦課が妥当とされている（平成10年12月２日裁決裁事56集）。

あるいは、現金を横領した従業員が、現金不足の事実の露見を隠すために、実際に仕入れがないにもかかわらず、虚偽の仕入れを計上した場合、重加算税の賦課が妥当とされている（大阪高判令和２年11月６日税資270号順号13478）。

なお、故意ではないと判断された事例において、令和２年３月10日裁決裁事118集は、「施工業者は事業年度内に施工に向けた準備を行っていることから、請求人代表者から依頼されて施工業者が本件事業年度内の日付の請求書を発行しても不自然とまでは言い切れず、請求書の納品日欄についてもシステムの便宜上入力された可能性を否定できない。また、請求書の納品日欄に記載された日付が修繕工事の完了日を示すと認めるに足る証拠もなく、請求人代表者が施工業者に対し請求書の納品日欄の日付を修繕工事の完了日として記載するよう依頼したことを示す証拠もない。加えて、請求人代表者は入出金に係る会計伝票を作成するにとどまり、本件修繕費のような未払金に関する会計伝票は作成しておらず税務代理人が会計処理を行ったものであり、請求人代表者に本件修繕費を本件事業年度の損金の額に算入できないとの認識があったとまでは認められない。したがって、本件修繕費を本件事業年度の損金の額に算入したことにつき、仮装の行為があるとは認められない。」と判断している。

Ⅲ 隠蔽・仮装の主体等

1 納税者以外の第三者による事実の隠蔽や仮装が行われた場合と重加算税の賦課との関係（重加算税が賦課される場合）

Q71 法人の役員や従業員といった納税者以外の第三者によって事実の隠蔽・仮装が行われ、法人等の納税者に対して重加算税が賦課されるのはどのような場合でしょうか。

A 法人の役員や従業員等による事実の隠蔽・仮装が行われた場合であっても、納税者である法人に対して重加算税が賦課される場合がある（**第6章理論編Ⅰ4(2)**・168頁参照）。

(1) 役員による事実の隠蔽・仮装

例えば、役員による架空取引に関して、当該役員の地位や権限、親族関係、持株割合等を考慮し、当該役員が業務として行った架空取引は、重加算税の課税要件に関して、納税者である法人自身の行為と同視し得るものというべきであることから、納税者による仮装行為と評価でき、重加算税の課税要件を充足すると認められると判断された事例（広島高判平成26年1月29日訟月61巻4号811頁）や常務取締役である個人の権限に着目し、不動産の売買に関し代表者に準ずるような包括的な権限を有していたものとした上で、法人の隠蔽仮装行為と同視することができるとした事例（東京高判令和3年9月15日税資271号順号13603）がある（類似の事例として、法人の主要な義務を担当していた取締役が売上げを除外していた事例（京都地判昭和54年4月

27日訟月25巻８号2301頁）がある）。

また、平成22年１月７日裁決裁事79集は、業務及び管理の委託契約をした先の関連同族会社（Ａが代表取締役のＢ社）の取締役Ｃが、納税者である法人（Ａが代表取締役の同族会社）所有の車両を委託業務の一環として売却した折、その売却代金の一部を横領したことに関して、横領行為を行ったＣが、Ａとの遠縁であること、Ｂ社の主要な株主であり、Ｂ社の業務の運営上、重要な地位・権限を有し、重要な役割を果たしていたこと、また、横領を行ったＣの関与する取引に係る経理処理について、Ｂ社の経理担当者らの間で疑問や注意が提起されていたこと等を踏まえ、Ａや納税者において横領行為を行ったＣが隠蔽仮装行為を行ったことを容易に認識することができ、申告期限までにその是正や過少申告防止の措置を講ずることができたにもかかわらず、かかる横領行為を防止するための措置を講じた事実も認められないとして、売上げの一部の隠蔽行為として、納税者の行為と同視できるとしている。

(2) 従業員等による事実の隠蔽・仮装

経理事務が適切に行われていることを定期的に確認するなどの措置を講じていたとは認められないとして、従業員による架空仕入れや架空の入力等が納税者の隠蔽と同視できるとして、重加算税賦課決定が妥当とされた事例（大阪高判令和２年11月６日税資270号順号13478）、あるいは、支店長が法人に対する業務報告から収入の一部を除外して隠蔽した上、仮装した業務報告書を本社に提出し、当該報告書に基づき法人が法人税の過少申告を行っていた場合、重加算税賦課決定が妥当とされた事例（札幌地判昭和56年２月25日訟月27巻５号1012頁）がある。

また、重加算税賦課決定が妥当とされた類似の事例として、従業員の横領に関して、法人が横領行為の防止のために注意義務を果たしていないこと等を踏まえ、当該従業員による隠蔽仮装行為は法人の隠蔽仮装行為と同視できるというべきとした事例（金沢地判平成23年１月

21日訟月57巻11号2491頁）、横領を行った経理職員に重要な経理帳簿の作成等を任せきり、納税の際にも当該職員が作成した経理帳簿等に基づき作成された総勘定元帳や決算書類等で申告を行い、作成した経理帳簿等に虚偽の記載が存在したため、客観的にみて、納税者（法人）が仮装・隠蔽の事実に基づく申告を行ったとして、重加算税の要件は充足されるとされた事例（大阪高判平成13年７月26日訟月48巻10号2567頁）、横領を行った経理課長が架空外注費を計上していた事例（東京高判平成21年２月18日訟月56巻５号1644頁）、あるいは、履行補助者（司法書士）の行った架空債務の計上に係る事例（京都地判平成５年３月19日行集44巻３号24頁）がある。

(3)　親族による事実の隠蔽・仮装

仮装行為を行った個人と親族関係があることを重視し、相続人の１人に相続税の申告を一任し、共同して申告書を提出している場合、当該相続人は、共同相続人であり３親等以内の親族であって、問題となった相続税の申告に係る当該相続人の仮装行為は、当該相続人を除く相続人らの行為と同視することができるから、当該相続人を除く相続人らに対して重加算税を賦課することも相当であるとされている（東京地判令和２年10月29日税資270号順号13474）。

さらに、「相続財産の一部等が隠ぺい、仮装された状態にあり、相続人又は受遺者が右の状態を利用して、脱税の意図の下に、隠ぺい、仮装された相続財産の一部等を除外する等した内容虚偽の相続税の申告書を提出した場合をも含むと解するのが相当である。」として、架空名義の預金等について、被相続人の相続財産の一部であるとは確知しにくい状態におかれていたことを利用して、納税者が当該預金を除外した内容虚偽の相続税の申告書を提出したものというべきとして、重加算税を賦課することは適法であるとされている（大阪地判昭和56年２月25日訟月27巻６号1167頁）。

⑷　税理士等の代理人による事実の隠蔽・仮装

納税者が税理士や公認会計士等の代理人に税務上の処理を委任し、当該税理士等の第三者が隠蔽・仮装行為に基づく申告を行った場合、「当該第三者がした隠ぺい・仮装行為に基づく申告について、納税者がどこまで責任を負うべきかについては、納税者と当該第三者との関係、当該行為に対する納税者の認識及びその可能性、納税者の黙認の有無、納税者が払った注意の程度等に照らして、個別的、具体的に判断されるべきものであり、したがって、上記の事実関係を基礎にして、納税者が当該第三者に対する選任、監督上の注意義務を尽くすことにより、第三者の隠ぺい・仮装行為を防止することができた場合には、第三者の不正行為を納税者の行為と同視し得るものとして、その防止を怠った当該納税者に対し重加算税を賦課することができると解すべきである。」とした上で、委任した相手に対する監督上の注意義務を果たさなかったとして、重加算税の賦課が妥当とされた事例（東京高判平成15年５月20日訟月50巻５号1663頁）がある。

また、重加算税の賦課が妥当とされた代理人による申告等に係る類似の事例として、代理人の選任・監督に過失があったとされた事例（大阪高判平成９年２月25日税資222号568頁）、不動産の売買交渉の経過や契約内容、納税申告の内容等の詳細につき、逐一報告を求めたり、確認したりすることはせず、納税者が白紙委任状を交付した代理人にこれらのこと一任していた事例（東京高判平成17年９月９日訟月52巻７号2349頁）、特定の親族に申告を包括的に委任していた事例（東京高判平成14年９月24日訟月50巻５号1657頁）、あるいは、「なんらかの不正行為があり、法律にしたがった正規の所得税額が支払われていないことを認識しつつ、なすがままに任せてこれを容認していたものと推認される。」と判断された事例（京都地判平成４年３月23日訟月39巻５号899頁）がある。

[2] 納税者以外の第三者による事実の隠蔽や仮装が行われた場合と重加算税の賦課との関係（重加算税が賦課されない場合）

Q72 法人の従業員といった納税者以外の第三者によって事実の隠蔽・仮装が行われた場合でも、法人等の納税者に対して重加算税が賦課されないのはどのような場合でしょうか。

A 法人の従業員によって事実の隠蔽・仮装が行われた場合であっても、当該法人に対して重加算税が賦課されない場合がある。

例えば、重要な立場（地位・職責）にない従業員による横領が行われた場合、当該従業員の行為は法人の行為と同視できないとして、重加算税の賦課が妥当でないとされた事例（平成23年７月６日裁決裁事84集）がある。

具体的には、①「職制上の重要な地位に従事したことがなかったこと及び請求人の経理帳簿の作成等に携わる職務に従事したこともなかったこと等」といった工場において単に資材の調達業務を分担する一使用人といった従業員の地位や職責、②「個人の私的費用を請求人から詐取するために同人が独断でＰに依頼して行ったものであり、当該隠ぺい、仮装行為が請求人の認識の下に行われたとは認められないこと等を総合考慮する」として、問題とされた隠蔽等が従業員の独断で行われたことを考慮し、納税者である法人の行為と同視することは相当ではないとしている（類似の裁決例として、令和元年10月４日裁決裁事117集がある）。

また、賃貸用の不動産を購入した納税者が提出した確定申告書等に関して、当該申告書等は当該不動産の販売を代理した法人の従業員らが独断で作成したものであるとして、当該法人の従業員が確定申告書等を作成した行為は、納税者の行為と同視することはできないとされた事例（平成30年９月３日裁決裁事112集）がある。

上記の事例を踏まえると、重加算税賦課決定に疑問がある場合、隠蔽や仮装行為を行った担当者個人の会社での地位や職責等を説明することのみならず、通常の事務作業における業務監査や業務の確認等の流れ、特に、現金の管理や振込等の手順を第三者や担当者の上司等が確認する管理体制であったこと、言い換えれば、通常の確認によって、当該隠蔽行為等を納税者（法人）が把握できないことを主張（説明）することが必要になるものと思われる。

例えば、不正行為を行った個人が重要な事務を担当する地位や権限を有しないこと、就業規則等により、不正を禁止していたこと、法人（会社）が管理・監督をしていたにもかかわらず不正が生じたこと等を質問応答記録書に記載してもらうことが必要であると説明されることがある（谷原・重加76頁参照）。

なお、事例の内容によっては、事実の隠蔽・仮装の有無を検討する前の段階として、従業員等が着服した収益の帰属に関して、当該従業員等の個人に当該収益が帰属するか、あるいは、法人等の納税者に当該収益が帰属するかとの点を検討（説明）する必要がある。

例えば、法人（納税者）の取引先が当該法人の従業員に提供したリベートの帰属に関して、仙台地判平成24年２月29日税資262号順号11897は、法人の取締役が、当該従業員らの指示に従って商品原価にリベート額を上乗せした額で食材を納入し、納入後に納入した会社が受領した代金からリベート相当額を当該従業員らに支払う形で交付されていた場合、当該従業員に仕入業者の選定権限や仕入金額の決定権限は付与されていなかったこと、リベートを受領するに際し、法人所在地から離れた飲食店といったあまり人目につかないような場所で授受を行っていたこと、受領したリベートを部下との食事会やコンペ等に費消していたことを考慮し、問題となったリベートは　納税者に帰属せず、重加算税賦課決定等も違法であると判示した。

重加算税賦課決定の効果や留意すべき事項等（質問応答記録書との関係等）

1 重加算税の賦課と所得税法等の他の規定との関係

Q73 重加算税が賦課された場合、所得税法等の他の規定との関係で注意すべきこと等は何でしょうか。

A 事実の隠蔽・仮装に基づき確定申告書を提出した場合、帳簿書類等により調査により取引が行われたことや取引の相手方等が明らかではない支出、すなわち証拠書類のない簿外経費は必要経費不算入（損金不算入）とされる場合がある（所法45③、法法55③）と考えられる。

2 重加算税賦課決定の期間制限

Q74 事実の隠蔽・仮装が認められた場合、７年間の更正等が行われるのでしょうか（更正等は７年間遡って行われるのでしょうか）。

A 必ずしも７年間とは限らない。国税通則法70条は、国税の更正決定等の期間制限を定めており、「偽りその他不正の行為」によりその全部又は一部の税額を免れた国税についての更正決定等の除斥期間を７年と規定（通則法70⑤）している。

また、「偽りその他不正の行為」とは、「税額を免れる意図のもとに、税の賦課徴収を不能又は著しく困難にするような何らかの偽計その他の工作を伴う不正な行為を行つていることをいうのであつて、単なる不申告行為はこれに含まれないものである。そして右の偽計その他工作を伴う不正行為を行うとは、名義の仮装、二重帳簿を作成する等して、法定の申告期限内に申告せず、税務署員の調査上の質問に対し虚偽の陳述をしたり、申告期限後に作出した虚偽の事実を呈示したりして、正当に納付すべき税額を過少にして、その差額を免れたことは勿論納税者が真実の所得を秘匿し、それが課税の対象となることを回避するため、所得の金額をことさらに過少にした内容虚偽の所得税確定申告書を提出し、正当な納税義務を過少にしてその不足税額を免れる行為、いわゆる過少申告行為も、それ自体単なる不申告の不作為にとどまるものではなく、偽りの工作的不正行為といえるから、右にいう『偽りその他不正の行為』に該当するものと解すべきである。」（最判昭和52年１月25日訟月23巻３号563頁）とされている。

なお、このような「偽りその他不正の行為」の意味は、事実の隠蔽・仮装の意味（二重帳簿の作成等）と重なるところがあることから、国税通則法70条に基づき７年の更正決定を行うとともに、重加算税の賦課決定を行うことは適法であると判断される場合がある（福岡高判昭和51年６月30日行集27巻６号975頁。最近の裁判例として、東京高判令和３年４月28日訟月69巻９号970頁、東京地判平成30年６月29日税資268号順号13162）。

ただ、期間に係る規定の「偽りその他不正の行為」（通則法70⑤）と重加算税賦課に係る規定の「事実の隠蔽・仮装」（通則法68）は、両規定の位置づけやそれぞれの文言は異なっており、また、国税通則法70条５項の適用の要件は、重加算税の賦課が要件とされていない（大阪地判平成30年４月19日税資268号順号13145）とされている。

例えば、米国大使館に勤務する日本人職員が各年度の申告に際し、自らの給与等の金額がいくらであるかを認識しながら、その一部しか申告しなかった事例について、重加算税の賦課決定は行われていないが、「偽りその他不正の行為」（通則法70⑤）に該当するとされた更正は妥当（東京高判平成16年11月30日訟月51巻９号2512頁）であるとされていることを踏まえると、両者の意味が常に同じものでなく、区別される場合もあることに留意する必要がある。

3 重加算税賦課決定に伴い、納税者に生じる不利益の内容

Q75 重加算税賦課決定がされた場合、加重措置の適用（通則法68④等）や必要経費不算入等の適用（所法45等）以外に納税者に不利益となることはありますか。

A 重加算税が賦課された場合、更正等の賦課期間が７年に延長される可能性があること（通則法70⑤）以外の不利益な取扱いとして、①延滞税の免除期間の対象外とされること、②青色申告の承認の取消しの可能性が生じることが考えられる。

延滞税の額の計算の基礎となる期間の特例に関して、「偽りその他不正の行為により国税を免れ、又は国税の還付を受けた納税者が当該国税についての調査があつたことにより当該国税について更正があるべきことを予知して提出した当該申告書」や「偽りその他不正の行為により国税を免れ、又は国税の還付を受けた納税者についてされた当該国税に係る更正」を除く（通則法61①）として、延滞税の免除期間の対象外となる申告等が規定されている。この点に関して、課税庁において、「重加算税が課されたものである場合」、国税通則法61条（延滞税の額の計算の基礎となる期間の特例）の規定の適用はないものとされている（延滞税期間通達）（**第２章理論編Ⅲ3**・32頁参照）。

なお、「偽りその他不正の行為」（通則法61①）の意義等に関して、例えば、「法人税法159条１項所定の脱税犯の構成要件である『偽りその他不正の行為』と同一の文言を用いているものの、刑罰が故意に納税義務違反を犯したことに対する制裁であるのとは異なり、延滞税は、国税債権の期限内における適正な実現を担保し、期限内に適正に納税義務を履行した者との権衡を図るという趣旨に基づく行政上の措置で

あるから、通則法61条１項にいう『偽りその他不正の行為』に当たるというためには、税額を免れる意図を要するものではなく、『偽りその他不正の行為』につき、これを認識して行えば足りると解するのが相当である。」（東京地判令和３年10月７日税資271号順号13615）として、罰則に係る規定と延滞税に係る規定の意義は区別されている。

また、青色申告承認の取消しについて、税務署長が納税者の青色申告の承認を取り消すことのできる事実として、「その年における第一号に規定する帳簿書類に取引の全部又は一部を隠ぺいし又は仮装して記載し又は記録し、その他その記載又は記録をした事項の全体についてその真実性を疑うに足りる相当の理由があること。」（所法150①三）が規定されている（同様の規定：法法127①三）。例えば、一定の金額を除外した売上日計表を作成したことが青色申告承認の取消事由及び事実の隠蔽・仮装に該当するとされている（名古屋高判平成８年３月28日税資215号1329頁）。

■図表６－４　重加算税賦課の影響

重加算税が賦課された場合の不利益な取扱い
・更正等の賦課期間が７年に延長される可能性があること（通則法70⑤）
・延滞税の免除期間の対象外とされること（「重加算税が課されたものである場合」、国税通則法61条（延滞税の額の計算の基礎となる期間の特例）の規定の適用はないものとされている（延滞税期間通達））
・青色申告の承認の取消しの可能性が生じること（所法150①三、法法127①三）

なお、青色申告承認の取消しについては、税務署長に一定の裁量があるとされている（裁量を逸脱したと判断された事案として、横浜地判平成17年６月22日税資255号順号10060がある）。具体的な基準として、個人の青色申告の取消しに関して、「決定又は更正をした場合において、当該決定又は更正後の所得金額（以下「更正等に係る所得金額」という。）のうち隠ぺい又は仮装の事実に基づく所得金額（以下「不正事実に係る所得金額」という。）が、当該更正等に係る所得金額の50％に相当する金額を超えるとき（当該不正事実に係る所得金額が

500万円に満たないときを除く。)」等とされている（「個人の青色申告の承認の取消しについて（事務運営指針)」（令和３年12月２日課個２−26ほか）３)。

さらに、偽りその他不正の行為は、事実の隠蔽・仮装と重なることが多いことから、罰金等の刑事上の処罰の対象となる場合がある。このように１つの行為に対して、重加算税等の加算税の賦課といった行政上の制裁のほかに罰金等(所法238等)の刑事上の制裁を科すことは、いわゆる二重処罰の禁止（憲法39）に該当しないとされている（最大判昭和33年４月30日民集12巻６号938頁、最判昭和36年５月２日刑集15巻５号745頁、最判昭和45年９月11日刑集24巻10号1333頁）(**第１章理論編Ⅳ**1・６頁参照)。

4　電子取引の記録の改変等と重加算税の加重との関係

Q76 電子取引の記録の改変等を行った場合、重加算税の割合が加重されるのでしょうか。

A 重加算税の割合が加重される場合がある。スキャナ保存制度と電子取引の取引情報に関して、隠蔽・仮装の事実があった場合、重加算税を10％加重する措置が設けられている（電帳法８⑤)。

例えば、スキャナ保存した電磁的記録や電子取引により授受した取引データ等の削除等を行い、売上除外等を行う場合が該当するとされている（国税庁「電子帳簿保存法一問一答【スキャナ保存関係】」(令和６年６月）問61､国税庁「電子帳簿保存法一問一答【電子取引関係】」(令和６年６月）問59（国税庁ウェブサイト)。

なお、電子帳簿保存法上、電子取引の取引情報に係る電磁的記録の保存は、所得税及び法人税に限定されている（電帳法７）が、消費税法上、事業者が保存する適格請求書等に係る電磁的記録に関して、隠蔽又は仮装の事実があった場合、重加算税を10％加重する措置が設けられている（消法59の２）。

5　質問応答記録書の法的性質

Q77 重加算税を賦課する上で、「質問応答記録書」への署名（サイン）を求められましたが、このような書類に署名することは、義務でしょうか。また、税務調査において、調査担当者（当該職員）が「質問応答記録書」といった書類を作成することは義務でしょうか。

A 本問の「質問応答記録書」といった書類を当該職員が作成すること、あるいは、納税者等の被調査者が当該書類に署名することについては、国税通則法上、犯則事件の調査時の調書の作成*35とは異なり、税務調査時の調書の作成等に係る規定が設けられていないことから、「質問応答記録書」といった書類の作成等は法的義務ではないと考えられる（**第６章理論編Ⅳ1**・173頁参照）。

なお、「質問応答記録書」に関しては、例えば、「質問応答記録書は、国税庁の調査関係事務において必要がある場合に、質問検査等の一環として、調査担当者が納税義務者等に対し質問し、それに対し納税義務者等から回答を受けた事項のうち、課税要件の充足性を確認する上で重要と認められる事項について、その事実関係の正確性を期するため、その要旨を調査担当者と納税義務者等との間の質問応答形式等で作成する行政文書である（甲10）。その上で、本件記録書は、その末尾に原告の署名押印がされ、これに続いて、『以上のとおり、質問応

＊35 「当該職員は、この節の規定により質問をしたときは、その調書を作成し、質問を受けた者に閲覧させ、又は読み聞かせて、誤りがないかどうかを問い、質問を受けた者が増減変更の申立てをしたときは、その陳述を調書に記載し、質問を受けた者とともにこれに署名押印しなければならない。ただし、質問を受けた者が署名押印せず、又は署名押印することができないときは、その旨を付記すれば足りる。」（通則法152①）

答の要旨を記録して、回答者に対し読み上げ、かつ、閲読させたところ、回答者は誤りのないことを確認し、署名押印した上、各頁に確認印を押印した。』と記載されている」(大阪地判令和３年５月27日金融・商事判例1625号38頁)、あるいは、「通則法第74条の２《当該職員の所得税等に関する調査に係る質問検査権》の規定に基づく質問を行ったところ、Ｈ１代表は、質問応答の要旨を記録した本件調査担当職員作成の各質問応答記録書」(令和４年12月21日裁決裁事129集) として、裁判例や裁決例において、法的に作成が義務付けられる書類であること、あるいは、当該書類への署名は法的義務であることは示されておらず、当該書類への署名は任意であるといえる。

6 質問応答記録書作成に協力を求められた場合の対応

Q78 質問応答記録書作成に協力を求められた場合、どのような対応をするべきでしょうか (協力するべき場合があるのでしょうか)。

A 質問応答記録書の作成に納税者等が協力を求められた場合、その質問応答記録書の内容に問題がないとき、すなわち、調査担当職員が指摘する非違事項について納税者がそれを認めており、修正申告等の勧奨に応じるようなケースでは、その指摘事項に係る質問応答記録書の作成には素直に応じた方が、その調査終了手続はスムーズに進められることになるだろう (**第６章理論編Ⅳ1**・174頁参照)。

逆に、調査担当職員の指摘事項について納税者が少しでも納得していない場合には、質問応答記録書の作成に協力してしまうことで、その納得していない事項についての言質を取られてしまう結果にもなるので、安易に協力すべきではない。特に、実際の税務調査で質問応答記録書が作成されるのは、多くの場合、重加算税が賦課されるケースであると考えられるところ、重加算税の賦課要件である隠蔽・仮装 (通則法68）の該当性について、調査担当職員と納税者で認識が食い違っているような場合（調査担当職員は重加算税を賦課できると考えているが、納税者には隠蔽・仮装の認識がないような場合）には、質問応答記録書の作成には協力すべきではない。

また、調査に立ち会っている税理士等が質問応答記録書に署名を求められることはないが（手引Ⅲ-14頁）、税務代理人である税理士等としては、作成される質問応答記録書の内容をしっかり確認し、疑義があれば適宜説明や修正を求め、納得できない場合には署名する必要はなく、質問応答記録書がその後の争訟等で証拠資料として用いられる可能性があることについても、納税者等に知らせておくべきである。

ところで、質問応答記録書（作成途中のものを含む）の写しを納税者等や税理士等に交付することは認められておらず、撮影することも許されていない（手引Ⅲ-19～20頁）。もっとも、質問応答記録書は行政文書であるので、個人情報保護法76条及び77条に基づく開示請求を回答者自らが行えば*36、原則として開示される。

＊36　個人情報保護法は、行政機関等が保有する保有個人情報についてその本人からの開示請求を認めるものであるため、原則として、本人以外の者は開示請求をすることはできない。ただし、未成年者や成年被後見人のように本人が自ら開示請求をすることが困難な場合もあるので、これらの者については、例外的に、本人に代わって法定代理人が開示請求をすることが認められている（個人情報保護法76②）。したがって、税理士等の税務代理人が納税者や回答者の代理をして開示請求をすることはできない。

第7章

附帯税と処分・争訟

理論編

Ⅰ 総　　説

第１章理論編Ⅱ[1]・３頁で解説したように、附帯税の課税方式は、延滞税及び利子税は自動確定方式、加算税は賦課課税方式が採られている。

〈附帯税の課税方式〉
延滞税・利子税：自動確定方式
加　算　税　　：賦課課税方式

このように、附帯税は、申告納税制度において、例外的に申告納税方式が採られていない。また、**第１章理論編Ⅱ[3]**・４頁等で解説したように、一定の要件を満たせば減免される場合がある。さらに、**第１章理論編Ⅱ[2](2)**・４頁で解説した附帯税の独立性という特徴により、本税の課税処分とは別の理由により取消しを求めることができる場合もあるという特徴がある。

かような附帯税の特徴が、本書の問題意識の根底にある。けだし、附帯税は、申告納税方式ではないので、納税者や税理士が自ら計算する租税ではないのだが、①減免される場合には納税者側から積極的に主張立証するべきであること、さらに、②租税争訟の場面では附帯税の独立性があるので、本税の課税処分とは別の理由により附帯税の賦課決定処分の取消しを求める可能性を探るべきであること、の２点が本書の主たる問題意識である。

この問題意識を前提として、本章では、課税方式が異なる附帯税ごとに、処分との関係を確認し、負担回避のための事前手続及び争訟の手順を解説しよう。

Ⅱ 延滞税・利子税

1 負担回避のための手順（事前手続）

第２章理論編Ⅳ 1 (3)・38頁で解説したような場合の延滞税の免除は、税務署長等は「免除することができる」と規定されているので（通則法63⑥柱書）、実務上は、税務署長等の判断によって延滞税の免除がなされることになる。

そのため、納税者や税理士が、ある案件について**第２章理論編Ⅳ 1 (3)**・38頁で引用した通達に掲げられている誤指導等の場合に該当すると考える場合には、所轄税務署等にその旨を伝えて、その部分に係る延滞税の免除を促すべきである。なお、これについては、**第２章理論編Ⅳ 2**・41頁で解説した利子税の免除についても基本的に同様である。

2 争訟手順

第１章理論編Ⅱ 2 (1)・４頁で解説した附帯税の付随性から、申告所得税や源泉徴収税等の本税が適法に成立していない限り、延滞税等の附帯税が成立・確定することはない。そのため基本的には、本税に係る更正等が違法であることを理由に当該処分の取消しを求めることにより、別途、附帯税である延滞税等の発生（納付）が違法であることを争う必要はない[*37]。

＊37　これについて札幌地判昭和50年６月24日訟月21巻９号1955頁は、「更正のあつた場合における所得税に附帯する延滞税は、更正の結果更正通知書に記載された更正により納付すべき税額（更正により納付すべき税額が新たにあることとなつた場合には当該納付すべき税額）があるときに、当然に納税義務が成立し（国税通則法第60条第１項）、同時に特別の手続を要しないで納付すべき税額が確定する」と判示している。

ただし、本税について争わず、延滞税が発生しているか否かのみを争うといった場合（延滞税の免除事由（**第２章理論編Ⅳ1(3)**・38頁参照）に該当することを主張するような場合）、延滞税を納付すべき旨の税務署長等の通知（延滞税の通知）は、「行政庁の処分その他公権力の行使に当たる行為」（行審法１②、行訴法３）に該当しない、すなわち処分性を有しないものと解されている。したがって、当該通知を不服申立てや取消訴訟の対象とすることはできないこと（最判平成６年９月13日税資205号405頁、東京地判平成４年11月17日税資193号448頁等）から、延滞税の発生を争う手続について留意が必要である。具体的には、審査請求等の不服申立て･取消訴訟による解決ではなく、延滞税の納付義務が存在しないことの確認といった当事者訴訟（行訴法39等）による解決を図ることが必要である（最判平成26年12月12日訟月61巻５号1073頁）。

なお、以上については、自動確定方式である利子税についても、処分性がない点は共通している。

Ⅲ 加算税

1 負担回避のための手順（事前手続）

加算税の免除要件の一つである「正当な理由」に該当することの主張立証の責任は納税者が負うものと解されている（東京高判昭和55年５月27日税資113号459頁）（**Q84**、**Q85**（228～229頁）参照）。したがって、納税者や税理士が、ある案件について各加算税の免除事由*38に

*38　過少申告加算税については第３章理論編Ⅳ・68頁、無申告加算税については第４章理論編Ⅴ・131頁、不納付加算税については第５章理論編Ⅲ・152頁、重加算税については第６章理論編Ⅲ・170頁を、それぞれ参照されたい。

該当すると考える場合には、所轄税務署等にその旨を伝えて、その部分に係る加算税の免除を促すべきである。

2 争訟手順

加算税の賦課決定を争う場合、通常は、**第１章理論編Ⅱ２(1)**・４頁で解説した附帯税の付随性の性質から、本税に係る更正等の課税処分を争うことにより賦課決定の取消しも求めることができる。

ただし、加算税に係る独自の法的な問題（例えば「正当な理由」の有無等）を争う場合、すなわち、更正処分等の本税に係る処分とは異なる点を争点（理由）として加算税の賦課決定の取消しを求める場合には、更正処分等の本税に係る処分とは別に、加算税の賦課決定に係る審査請求等の所定の不服申立て等の争訟の手続を行わなければならない（Q80〜Q91（223〜236頁）参照）。

また、賦課決定により確定する加算税の賦課は、行政手続法上の不利益処分（行手法２四）に該当することになる。平成23年12月の国税通則法改正に伴い、行政手続法の適用除外の対象から除外されている（＝行政手続法の適用対象とされる）ため、加算税の賦課においては、賦課決定通知書（通則法32③等）に理由の付記が必要である（通則法74の14①かっこ書、行手法14）。そのため、理由付記の記載が十分であるかという点が法的に問題（争点）になる場合がある（Q86、Q87（229〜231頁）、Q91（235頁）参照）。

応用編

I　更正等の本税に係る処分と加算税賦課決定（附帯税の効力）との関係等

1　加算税賦課決定に影響を及ぼす本税に係る処分の内容

Q79　決定とすべきところを更正とした処分が行われた場合の加算税賦課決定は、効力がないといえるのでしょうか。

A　更正自体は瑕疵を帯びるものではなく、有効であり、本問のような加算税賦課決定も有効であるとされている（大阪地判平成元年５月25日税資170号462頁、大阪地判昭和58年８月26日判タ511号187頁）。

なお、特別土地保有税に係る事例において、過少申告加算金の賦課決定に係る書面には不申告加算金と記載されていた場合、「不申告加算金は地方税法第609条第２項に、過少申告加算金は同条第１項に、それぞれ基づき徴収されるもので、両者は根拠法条、要件、税率を異にするものであつて、本件書面の記載内容からして、右書面をもつて過少申告加算金の賦課決定がなされたとは到底解することができない。そして、右賦課決定の瑕疵は、重要な法規違反でありその瑕疵の存在も外形上、客観的に明白である」ことから、過少申告加算金に係る賦課決定は無効であるというべきと判断されている（静岡地判昭和60年４月26日行集36巻４号541頁）。

2　更正等の取消しと附帯税の効力との関係

Q80　所得税等の本税に係る更正等が取り消されれば、当該更正に伴って行われた過少申告加算税等の賦課決定は取り消され、併せて、延滞税の効力も自動的に失われるのでしょうか。

A　所得税等の本税に係る更正を争っている場合、当該更正が取り消されれば、過少申告加算税等の賦課決定は当然に効力を失い、併せて、延滞税も効力を失うこととなる（東京高判昭和23年10月13日税資22号1頁）。

ただ、過少申告加算税等の加算税賦課決定は本税に係る更正とは別の処分であることから、当該賦課決定に関して、「正当な理由」（通則法65⑤等）等が存するとして、加算税が免除される事由に該当することを主張する場合、当該更正とは別に当該賦課決定に対して審査請求を行う必要がある（通則法115）。例えば、重加算税等の賦課決定に対する不服申立てが行われていなかったことから、当該重加算税等の賦課決定の取消しに係る訴えは、不服申立前置を欠き、不適法とされている（東京地判平成2年1月29日税資175号170頁）（**第1章理論編Ⅱ** 2 (1)・4頁参照）。

3　重加算税賦課決定の取消しと過少申告加算税賦課決定との関係

Q81　事実の隠蔽・仮装があるものと認め難いとして、重加算税賦課決定が取り消された場合、過少申告加算税賦課決定は維持されるのでしょうか。

A「後者の重加算税は、前者の過少申告加算税の賦課要件に該当することに加えて、当該納税者がその国税の課税標準等又は税額等の計算の基礎となるべき事実の全部又は一部を隠ぺいし、又は仮装し、その隠ぺいし、又は仮装したところに基づき納税申告書を提出するという不正手段を用いたとの特別の事由が存する場合に、当該基礎となる税額に対し、過少申告加算税におけるよりも重い一定比率を乗じて得られる金額の制裁を課することとしたものと考えられるから、両者は相互に無関係な別個独立の処分ではなく、重加算税の賦課は、過少申告加算税として賦課されるべき一定の税額に前記加重額に当たる一定の金額を加えた額の税を賦課する処分として、右過少申告加算税の賦課に相当する部分をその中に含んでいるものと解するのが相当である。」として、重加算税の賦課は過少申告加算税の賦課に相当する部分も含んでいるものと解されていること（最判昭和58年10月27日民集37巻８号1196頁）から、過少申告加算税の賦課要件が認められる場合、過少申告加算税賦課決定は維持されると考えられる。

例えば、重加算税の賦課要件は認められないが、過少申告加算税の賦課要件が認められるとして、賦課決定のうち過少申告加算税に相当する額を超える部分に限り違法というべきとされている事例（東京高判平成７年３月30日税資208号1077頁）がある。

上記の判例等を踏まえると、重加算税賦課決定を争う場合において、重加算税の賦課のみならず過少申告加算税等も賦課されるべきでないことを納税者が主張する場合、争訟手続において、重加算税の賦課要件である事実の隠蔽・仮装がないことのみならず、過少申告加算税が免除される事由（「正当な理由」（通則法65⑤等）等）に該当することを主張する必要がある（**第１章理論編Ⅱ**2(2)・４頁参照）。

4　更正の取消しと争っていない加算税賦課決定の効力との関係

Q82 更正についてのみ不服申立て等の争訟手続を行いましたが、加算税賦課決定については不服申立手続を行っていなかったところ、法定納期限後から５年を経過後、当該更正を取り消す判決が確定した場合、当該加算税賦課決定はどうなるのでしょうか。

A 本問のような状況において、国税通則法上、税務署長は、賦課決定を変更することが必要であるとされている。この点について、東京地判令和４年２月25日税資272号順号13675は、「本件各賦課決定処分に係る重加算税は、前件取消訴訟の確定判決*39により本税である法人税の各更正処分のうち各申告額を超える部分が取り消され（判決による原処分の異動）、これに伴ってその計算の基礎となる税額（課税標準等）及び納付すべき税額（税額等）に異動を生ずべき国税であり、かつ、同判決に係る国税の属する税目に属するものであって、同判決を受けた者に係るものでもあるから、所轄税務署長は、前件取消訴訟の判決があった日、すなわち、同判決が確定した日である平成29年３月23日から６月間、同号により、当該重加算税の計算の基礎となる税額及び納付すべき税額をいずれも０円とする旨の変更決定処分をすることができたというべきである。」とした上で、「国税通則法32条２項は、税務署長は、賦課決定をした後、その決定をした課税標準（加算税については、その計算の基礎となる税額）又は納付すべき税額が

*39　東京地判令和４年２月25日税資272号順号13675の前提事実において、「東京地方裁判所は、平成29年３月８日、本件各取引は架空のものであるとはいえず、本件各土地に係る固定資産売却損を総勘定元帳に記載したことは帳簿書類に取引を隠蔽し又は仮装して記載したことに該当しないとして、原告らの請求をいずれも認容する旨の判決をし、同判決は，同月22日の経過によって確定した。」とされている。

過大又は過少であることを知ったときは、その調査により、当該決定に係る課税標準及び納付すべき税額を変更する決定をする旨を定めているから、所轄税務署長が上記６月の期間内に上記変更決定処分をしなかったことは、同項の規定に違反したものといわざるを得ない。」と判示した。

上記の裁判例の判断枠組みを考慮すると、法定納期限後から５年を経過後、更正を取り消す判決が確定した場合、課税庁（所轄税務署長）は、国税通則法上、当初の加算税賦課決定を変更（０円とする旨の変更決定）する必要があるといえる。

5　出訴期間経過後の賦課決定の取消しを求める訴えの取扱い

Q83 更正の取消しを求める訴えは、出訴期間内に提起しましたが、仮に、過少申告加算税等の賦課決定の取消しを求める訴えが出訴期間経過後であった場合、このような賦課決定の取消しを求める訴えは、常に不適法として扱われるのでしょうか。

A 本問のような賦課決定の取消しを求める訴えは、常に不適法として扱われるものではなく、当該訴えは出訴期間を遵守していたものとして扱われる場合があるのではないかと思われる。

例えば、平成29年６月28日付けで行われた更正及び過少申告加算税の賦課決定に対して、①平成31年２月28日に当該更正の取消しを求める訴えを提起し、②出訴期間を徒過した令和元年８月６日に当該賦課決定の取消しを求める訴えを追加（訴えの追加的変更）した事例において、東京地判令和２年１月30日税資270号順号13374は、当該賦課決定の取消しを求める訴えに係る出訴期間に関して、次のように適法であるという判断を示している。

まず、①更正に伴う過少申告加算税は当該更正を基礎としこれを前提として行われるものにほかならないこと（過少申告加算税賦課決定は更正を前提にする関係にあること）、②納税者が賦課決定を違法と主張する理由は、問題となっている譲渡による譲渡所得が発生していないといった更正を違法とする理由とまったく同一の内容であること（更正と過少申告加算税賦課決定を違法とする理由が同一であること）を踏まえ、「両者の関係に鑑みれば、本件譲渡による譲渡所得が発生していないことを理由として提起された本件更正処分の取消しの訴えは、単に本件更正処分に対する不服の表明にとどまるものではなく、同処分に基づく附帯税として課された本件賦課決定処分に対する不服の表明としての性格も併せ有するものである。したがって、本件賦課決定処分の取消しを求める訴えは、出訴期間の関係においては、本件更正処分の取消しを求める当初の訴えの提起の時に提起されたものと同視することが相当であり、出訴期間の遵守において欠けるところがないと解すべき特段の事情が存するものというべきである。」との判断を示した。

ただ、上記判決の内容を踏まえると、仮に、過少申告加算税賦課決定が違法であると主張する納税者の理由や根拠が「正当な理由があると認められるものがある」（通則法65⑤等）や「更正があるべきことを予知してされたものでない」（通則法65①・⑥等）といった場合、つまり、更正を違法とする理由とは同一の内容ではなく、また、当該理由は、過少申告加算税賦課決定を違法とする独自の理由である場合、当該賦課決定の取消しを求める訴えに係る出訴期間に関して、適法であったと結論付けることは困難ではないかと考えられる。

なお、仮に、過少申告加算税賦課決定の取消しを求める訴えが適法と判断された場合であっても、当該判断が過少申告加算税賦課決定の取消しを認めることを意味しないことに注意が必要である。

また、所定の出訴期間や不服申立期間を遵守した上で、更正の取消しのみならず、過少申告加算税等の賦課決定の取消しを行うことが、税理士等の専門家の対応として、必要とされていると考えられる。

加算税賦課決定に係る争訟における立証責任

1 「正当な理由があると認められるものがある場合」（通則法65⑤等）等の立証責任

Q84 「正当な理由があると認められるものがある場合」（通則法65⑤等）等に該当することについては、誰が主張する必要があるのでしょうか。納税者か課税庁のいずれが主張する必要があるのでしょうか（いわゆる立証責任は誰にあるのでしょうか）。

A 例えば、「過少申告加算税を課さない旨を定めた例外規定であるから、納税義務者の側に右の場合に該当する事由の存在について主張、立証責任があると解するのが相当である」（東京高判昭和53年12月19日訟月25巻4号1175頁）や「規定の文言上、正当な理由があると主張する者において主張立証の責任を負うものと解するのが相当である」（東京高判昭和55年5月27日税資113号459頁）と判示されているように、納税者が「正当な理由があると認められるものがある場合」に係る立証責任を負うこととされている（**第3章理論編Ⅳ1**・69頁参照）。

また、「更正があるべきことを予知してされたものでない場合」（通則法65①・⑥等）に関しても立証責任を納税者が負うとされていること（東京地判昭和56年7月16日行集32巻7号1056頁、東京高判昭和61年6月23日行集37巻6号908頁）から、争訟手続上、これらの内容（規定）に該当することを納税側が主張・立証する必要がある（**第3章理論編Ⅳ3**・72頁参照）。

他方、「その申告に係る国税についての調査」があったことに係る立証責任は課税庁が負うとされている（高松高判平成16年1月15日訟月50巻10号3054頁）。

2　「納税者の責めに帰すべき事由がないと認められるものがあるとき」（通則法66③柱書かっこ書）の立証責任

Q85　「納税者の責めに帰すべき事由がないと認められるものがあるとき」（通則法66③柱書かっこ書）について、納税者、あるいは、課税庁のいずれが主張する必要があるのでしょうか（いわゆる立証責任は誰にあるのでしょうか）。

A　**Q84**の「正当な理由があると認められるものがある場合」と同様、納税者にとって有利となる「納税者の責めに帰すべき事由がないと認められるものがある」（通則法66③柱書かっこ書）に該当することについては、納税者が主張・立証する必要があると考えられる（**第４章理論編Ⅱ2**・124頁参照）。

Ⅲ　加算税賦課決定に係る争訟における争点や留意事項等

1　過少申告加算税等の賦課決定通知書における理由付記の程度等

Q86　過少申告加算税等の賦課決定通知書において、加算税が賦課される理由は記載されるのでしょうか、また、当該理由付記の記載の内容（程度）を争うことはできるのでしょうか。

A 過少申告加算税や重加算税等の賦課決定は、白色申告に対する更正と同様、不利益処分（参考：行手法２④）であることから、過少申告加算税等の賦課決定通知書に処分の理由を示すこと（理由付記）が必要とされている（通則法74の14①かっこ書）。また、更正等と同様、納税者は、加算税賦課決定についても理由付記の記載の内容（程度）の不備を理由として、同処分の取消しを求めることができる。

例えば、重加算税賦課決定に係る理由付記について、山口地判平成31年２月13日税資269号順号13241は「無申告について、仮装又は隠ぺいが認められるとした根拠として処分行政庁が認定した各事実がそれぞれ記載されている。」として、行政手続法14条１項本文の要求する理由付記の程度を満たす程度に記載されていると判示している。

なお、加算税賦課決定に係る理由付記の差替えも、青色申告に対する更正等と同様、無制限に認められるものではなく、一定の制約があるものと思われる（最判昭和56年７月14日民集35巻５号901頁参照）。

2 過少申告加算税等の賦課決定通知書の記載内容

Q87 過少申告加算税等の賦課決定通知書に「正当な理由があると認められるものがある場合」等の該当性は記載されるのでしょうか。

A 記載されないものと思われる。「正当な理由があると認められるものがある場合」に係る立証責任を納税者が負うとされていること（Q84（228頁）参照）から、通知書に、正当な理由に係る具体的な事実の記載がないからといっても理由付記違反になるものではないとされている（東京高判平成30年11月15日税資268号順号13209）。

また、正当な理由の存否について調査をしないで、無申告加算税を賦課決定したとしても、違法ではないとされている（平成２年11月15日裁決裁事40集）。

なお、賦課決定通知書に「正当な理由」等に該当するか否かについては、実務上、記載されない取扱いがされていることを考慮すると、「正当な理由」等の該当性を明確に主張する機会を確保し、当該主張に対して課税庁の見解を早急にかつ詳細に把握する方法として、賦課決定や本税に係る更正等に疑問がある場合、当該賦課決定等に対して不服申立手続の一つである再調査の請求を行い、併せて、「正当な理由があると認められるものがある場合」等に該当することを明確に主張した上で、再調査決定書に記載される決定の理由（通則法84⑦・⑧）を確認することが考えられる。

3 更正の取消しと納付した不納付加算税等の返還との関係

Q88 売上除外、役員への給与に係る法人税等の更正が行われ、当該処分に伴う納税の告知等に基づき源泉所得税及び不納付加算税を納付後、理由付記の不備を理由として、当該法人税に係る更正自体が取り消された場合、納付した不納付加算税等の返還（取戻し）を求めることができるのでしょうか。

A 制度上、税額が自動的に確定した源泉所得税の納税を告知する納税の告知（通則法36）は、所定の期間内に行政上の不服申立て及び抗告訴訟の提起等がなされないままであったとしても、当該源泉所得税に係る納税義務の存否･範囲等実体的な関係についてまで不可争性（確定力）*40が生じるものではないとされている（最判昭和45年12月24日民集24巻13号2243頁）。

*40 「行政行為の効力を争う特別な争訟手続には短期の争訟提起期間が定められており（例えば、取消訴訟のそれは、行政行為がなされたことを知った日から６カ月以内〔行訴14①〕、その期間を経過した後は、もはやその効力を争えなくなるという効力。形式的確定力ともいう。」（法律学小辞典233頁）。

ただ、支払者において、納税の告知の前提となる納税義務の実体的な存否・範囲を争って当該納税の告知に対し行政上の不服申立て及び抗告訴訟の提起が可能であると解されている（最判昭和45年12月24日民集24巻13号2243頁参照）ことから、仮に、当該訴訟（争訟）で敗訴したような場合には、支払者との関係では、当該源泉所得税の納税義務の存在・範囲についても不可争性を生じるものと解することができるとされている。

他方、納税の告知に係る争訟が行われていない場合、「本件納税告知については右抗告訴訟の提起のないのはもとより、右納税告知の前提となる『所得の存在』に関する本件各更正処分もすべて取消されているのであるから、支払者たる原告において、その納税義務の存否・範囲等実体的関係を争うのに何ら妨げはなく、この点は、むしろ被告において右義務の存在を積極的に立証すべき関係となり、そして、本件納税告知及び不納付加算税賦課決定は、原告の右納税義務の存在を前提としその基礎の上に立つものであるから、右納税義務が不存在ということになれば、原告は、右納税告知等により支払つた金員につき法律上の原因を欠くものとして不当利得返還の請求ができるものといえる。」と判示されていること（広島地判昭和55年９月25日訟月27巻１号170頁）を踏まえると、本問のような状況において、支払者である納税者は、納付した不納付加算税等の返還を求めることができる可能性があると思われる。

4　審査請求等における過少申告加算税賦課決定の不利益変更の可能性

Q89 過少申告加算税に係る争訟の審査・調査過程において、事実の隠蔽・仮装があることが明らかになった場合、審査庁が重加算税相当額を認定すること、あるいは、過少申告加算税賦課決定が重加算税賦課決定へ変更されるのでしょうか。

A 国税通則法上、再調査の請求の決定や審査請求の裁決によって、処分の不利益変更をすることはできないとされている（通則法83③ただし書、98③ただし書）。例えば、「仮装又は隠ぺいに係る事実認定に基づき別途重加算税の賦課決定を行うのはともかく、過少申告加算税の賦課決定処分の適否が争われている場合において、重加算税の賦課要件の存在することを理由に過少申告加算税に代えて重加算税の額を認定することは、実質的に新たな不利益処分を行うに等しく許されないと解するのが相当である。」（平成５年６月18日裁決裁事45集）といった裁決を踏まえると、過少申告加算税に係る不服申立手続において、重加算税相当額を認定すること、あるいは、過少申告加算税賦課決定を重加算税賦課決定に変更することは認められない。

ただ、除斥期間内であれば、「新たに得られた情報に照らして非違があると認めるとき」といった一定の要件を充足する場合、再度の実地の調査を経た上で、重加算税賦課決定が行われる可能性がある（通則法70、74の11⑤）。

なお、課税処分取消訴訟において、再更正で認定された納付すべき税額を上回る税額が認定され、また、重加算税の対象となる税額と過少申告加算税の対象となる税額の両方が存する場合、当該処分の限度で重加算税と過少申告加算税の対象となる各部分を区分して計算すべきであるとした上で、「通則法68条１項の重加算税の規定は、同法65条所定の過少申告加算税との関係では、後者の過少申告加算税の賦課要件に付加される加重事由を定めた特別規定と解されるから、その適用については前者を優先すべきである。」として、重加算税対象分を全額控除し、その余が過少申告加算税対象分として、計算すべきとされている（札幌高判平成４年２月20日訟月38巻８号1545頁）。

5 賦課決定と聴聞の機会との関係

Q90 過少申告加算税等の賦課決定を行う上で、課税庁の職員（当該職員）は納税者や税理士等の代理人に説明する機会はあるのでしょうか。

A 国税に関する調査の結果、更正決定等をすべきと認める場合、当該職員は、その調査結果の内容（更正決定等をすべきと認めた額及びその理由を含む）を説明するものとされている（通則法74の11②）。

ここでの更正決定等は「更正若しくは第25条（決定）の規定による決定又は賦課決定」（通則法58①一イ）と規定されており、また、「更正決定等」の範囲に過少申告加算税等の賦課決定が含まれることが明確にされている（課総５－９ほか「国税通則法第７章の２（国税の調査）等関係通達の制定について（法令解釈通達）」（最終改正令和５年11月29日）６－２（「更正決定等」の範囲））*41。

したがって、過少申告加算税等の賦課決定を行う上で、課税庁の職員（当該職員）は納税者や税理士等の代理人に当該賦課決定の内容を説明する機会があるといえる。

また、過少申告加算税等の賦課決定を行う上で、賦課決定通知書に理由付記が必要とされている（通則法74の14①かっこ書）。

なお、再調査の請求や審査請求といった不服申立手続において、口頭意見陳述や意見書の提出といった納税者が意見を述べる機会も確保されている（通則法84、95の２）。

---

*41 「納付すべき税額及び加算税のほか、納付すべき税額によっては延滞税が生じることを説明する」（課総５－11ほか「調査手続の実施に当たっての基本的な考え方等について（事務運営指針）」（最終改正令和５年11月29日）第２章４(2)）。

6 重加算税賦課決定（国税）と重加算金賦課決定（地方税）との関係

Q91 地方税法上の重加算金を賦課する手続上、地方団体の職員（都道府県の徴税吏員等）は、税務署職員とは別に実地の調査を行っていませんが、当該重加算金賦課決定は無効（効力を有しないもの）といえるのでしょうか。

A 当該重加算金賦課決定が無効となること、あるいは、取消しの対象となるものとは、必ずしもいえないと思われる。例えば、東京高判平成22年１月27日税資260号順号11371は、「地方税法72条の７は道府県の徴税吏員の質問検査権について定めるが、徴税吏員に税務調査等の検査義務を定めた規定は見当たらず、いかなる資料に基づいて重加算金賦課決定等の課税処分を行うかは道府県の合理的な裁量に委ねられているものと解される。」、「重加算金を徴収する場合において、仮装・隠ぺいの事実の有無は国の税務署が法人税において仮装隠ぺいの事実があるものとしたかどうかによって判定する旨の取扱通知も、納税者が法人税及び事業税の双方について別々に税務調査を受ける煩雑さを避け得るという点において地方税法72条の14の趣旨に沿うものである。また、法人税における国の税務署の認定に不服がある者は、事業税に係る重加算金賦課決定について、知事に対する審査請求（地方税法19条１項１号、行政不服審査法５条１項）や取消訴訟の提起によって争うことができるのであるから、納税者に格別の不利益を及ぼすものとも認めることはできない。」とした上で、結論として「県処分行政庁が、独自の税務調査を行うことなく国処分行政庁の認定を援用して本件重加算金決定を行ったことを不合理であるとはいうことはできず、原告の上記主張には理由がない。」という判断を示している。当該事例を踏まえると、地方団体の職員（都道府県の徴税吏員等）は、税務署職員とは別に実地の調査を行っていない場合であっても、ただちに当該重加算金賦課決定は無効、あるいは、取消しの対象になるものとはいえないと考えられる（**第１章理論編Ⅲ**・５頁参照）。

補章

法令・判例等の調べ方

本章では、延滞税や加算税といった附帯税の適用や関連する法令（規定）の調べ方、当該規定の解釈上必要となる判例、裁決例、あるいは、課税庁の取扱いである事務運営指針や通達等の調べ方について、主としてインターネットによる調べ方（検索方法）を説明する。以下の公式サイト等の情報は、特に断りのない限り令和６年８月１日現在のものである。

1　法令等の調べ方

現行の省令・規則以上の法令の条文は、デジタル庁が運営する「e-Gov法令検索」（https://laws.e-gov.go.jp/））で確認することができる。確認したい法令を、法令名、キーワード、法令番号により検索できる。なお、当該法令に改正があった場合、施行されるまでは改正前の条文が表示されているが、画面左上の「法令改正履歴」をスクロールすることによって、閲覧時点で未施行の条文を表示することもできる。

また、附帯税の規定である国税通則法等の具体的な文言の最近の改正状況に関しては、財務省公式ウェブサイトに掲載されている新旧対照表を確認することにより、正確に把握することができる。

例えば、令和６年度税制改正に係る新旧対照表については、財務省公式ウェブサイト（トップページ ⇒「所管の法令・告示・通達等」⇒「国会提出法律案」⇒「第213回国会における財務省関連法律（令和６年１月26日～令和６年６月23日）」（いわゆる年度改正に係る改正税法は、多くの場合、例年１月から開会される通常国会で審議される）⇒「所得税法等の一部を改正する法律案（提出日：令和６年２月２日）」⇒「所得税法等の一部を改正する法律案新旧対照表（表の上：改正案の条文、表の下：現行条文）」⇒「国税通則法の一部改正　第11条関係」）で確認することができる。なお、令和６年７月29日に上記e-gov法令検索がリニューアルされ、ここでもそれぞれの改正に対応する新旧対照表を確認できるようになった。

また、改正された税法の趣旨や改正された税法の解釈等を把握する上で、財務省公式ウェブサイトの「税制改正の解説」（本書では「平（令）○改正解説」と略称）が参考となる。

例えば、令和６年度税制改正に係る「税制改正の解説」については、財務省公式ウェブサイト（トップページ ⇒「税制」⇒「毎年度の税制改正　税制改正の概要」⇒「令和６年度　税制改正の解説」）で確認することができる。

なお、令和６年度、令和５年度及び令和４年度の「税制改正の解説」のみが、上記の財務省公式ウェブサイトに掲載されている。ただ、財務省公式ウェブサイトにリンクしている国立国会図書館公式ウェブサイトにおいて、令和３年度から平成17年度までの「税制改正の解説」が掲載されている。

2　裁判例・裁決例

(1)　裁 判 例

加算税賦課決定等を含む課税処分等の取消訴訟といった税務に関する裁判例については、すべての裁判例ではないが、次のア～ウに掲げる公的機関の公式ウェブサイトにおいて、一定の判決文を閲覧（確認）することができる。

ア　裁判例情報（https://www.courts.go.jp/index.html）（最高裁判所の公式ウェブサイト）

イ　訟務月報（略称「訟月」）（訟務重要判例集データベース）（https://www.moj.go.jp/shoumu/shoumukouhou/shoumu01_00041.html）（法務省の公式ウェブサイト）

なお、判決文のみならず当該判決に関する解説（例えば、当該判決において、重視された事情や当該判決に関連する裁判例や学説の紹介等）が記載されていることが特色である。

ウ　税務訴訟資料（略称「税資」）（https://www.nta.go.jp/about/organization/ntc/soshoshiryo/index.htm）（国税庁の公式ウェブサイト（正確には、国税庁の機関の一つである税務大学校の公式ウェブサイト））

租税関係行政・民事事件裁判例のうち国税に関する裁判例（主として課税処分取消しに係る裁判例）を掲載している「税務訴訟資料」（「税資」）のうち、主として課税関係判決（258号から272号）と差押処分の取消訴訟といった徴収関係判決（平成21年判決分から令和４年判決分）の判決文が掲載されている。

⑵　裁決例（https://www.kfs.go.jp/service/index.html）（国税不服審判所の公式ウェブサイト）

平成４年分の43集（№43）から令和５年分の133集（令和５年10月分から同年12月分）までの裁決例の全文（必要なマスキングは施される）が公表されている。

納税者（請求人）の審査請求を認めた認容裁決は確定するので（通則法102①）、争訟手続上、裁判所が当該裁決の認容部分に係る事案を審理することがないことから、納税者の主張が認められた裁決例の内容を確認することは有益である。他方、棄却裁決（一部認容裁決の場合も含む）については、裁判所は、審判所の判断とは異なる判断（例えば、処分の一部取消しや処分全部の取消し等）を示す可能性がある。

また、これまでに公表された裁決事例集の裁決要旨を関係税法ごとに分類して紹介している「公表裁決事例要旨」において、例えば、「閲覧方法」の関係税法（税目）で国税通則法関係、「附帯税」を選択することにより、延滞税や加算税に関する裁決例を確認できる。

さらに、平成８年７月１日から令和５年12月31日の間に出された裁決に係る裁決要旨又は争点項目を検索・閲覧できる「裁決要旨の検索」

がある。この「裁決要旨の検索」でヒットしたものの上記公表裁決事例に掲載されていない裁決例を閲覧したい場合には、情報公開法に基づいて裁決書を開示請求すればよい。

3 通達等

本書でもすでに紹介したように、国税庁長官が発遣する通達や事務運営指針は、加算税の賦課等の判断基準等として、実務上重要な意味を持っている。

例えば、課所４－16ほか「申告所得税及び復興特別所得税の過少申告加算税及び無申告加算税の取扱いについて（事務運営指針）」（平成12年７月３日（令和５年６月23日付一部改正））において、国税通則法65条５項１号の正当な理由があると認められる事実に該当すると課税庁が考える事由が公表されている（国税庁ウェブサイト（https://www.nta.go.jp/law/jimu-unei/jimu.htm#kojin）。

また、通達や事務運営指針という形式ではないが、例えば、「帳簿の提出がない場合等の加算税の加重措置に関するＱ＆Ａ」（令和４年10月）（国税庁ウェブサイト（https://www.nta.go.jp/publication/pamph/sonota/0022009-072_01.pdf））といったQAという形式で、課税庁の考え方や取扱いの方向性等が周知される場合もある。

なお、公表事例は必ずしも多くはないが、納税者からの照会に対して回答した事例等のうち、他の納税者の参考となるものを示している、質疑応答事例（国税庁ウェブサイト（https://www.nta.go.jp/law/shitsugi/01.htm））において、加算税の取扱いに関する事例が公表されることがある（例えば、「修正申告等に係る贈与税（相続税）額の納税猶予に係る加算税」（https://www.nta.go.jp/law/shitsugi/sozoku/18/18.htm））。

4　民間データベース（TAINSの税法データベース（https://www.tains.org/））

ここで紹介するデータベースは、民間法人が運営しているもので、有料であるが、情報が網羅的に登載されており、データベースとして有益である。

TAINS（Tax Accountant Information Network System）は、税務に関する判決・裁決・課税庁の内部文書や関連する税務雑誌目次など、税理士業務に役立つ情報が収録されているデータベースの検索閲覧サービスであり、一般社団法人 日税連税法データベースが運営している。

令和６年６月30日時点で、判決例13,878件、裁決例6,261件、行政文書2,528件等が登載されており、この中にはTAINSが情報公開法に基づく開示請求により入手した非公表裁決や行政文書等も含まれている。例えば、本書で引用した国税庁課税総括課『質問応答記録書作成の手引』（令和２年11月）は、TAINSから入手したものである（TAINSコード：課税総括課情報R021120-03）。

判決・裁決一覧

裁判所・判決年月日／裁決年月日	附帯税の種類	公刊物	本書頁
東京高裁昭和23年10月13日判決	附帯税	税資22号１頁	４、223
最高裁（大）昭和33年４月30日判決	重加算税	民集12巻６号938頁	６、163、212
大阪高裁昭和33年11月27日判決	重加算税	行集９巻12号2631頁	184
最高裁昭和36年５月２日判決	重加算税	刑集15巻５号745頁	212
最高裁昭和43年10月17日判決	過少申告加算税	訟月14巻12号1437頁	101
最高裁昭和45年９月11日判決	重加算税	刑集24巻10号1333頁	163、212
東京高裁昭和43年12月10日判決	利子税	税資58号786頁	23
最高裁昭和45年12月24日判決	不納付加算税	民集24巻13号2243頁	160、232
昭和46年８月９日裁決	過少申告加算税	裁事３集	104
東京高裁昭和48年３月９日判決	無申告加算税	訟月19巻10号139頁	142
札幌地裁昭和50年６月24日判決	延滞税	訟月21巻９号1955頁	219
東京高裁昭和51年５月24日判決	過少申告加算税	税資88号841頁	70、94
福岡高裁昭和51年６月30日判決	重加算税	行集27巻６号975頁	209
最高裁昭和52年１月25日判決	重加算税	訟月23巻３号563頁	209
東京地裁昭和52年７月25日判決	重加算税	税資95号124頁	195
東京高裁昭和53年12月19日判決	過少申告加算税	訟月25巻４号1175頁	228
京都地裁昭和54年４月27日判決	重加算税	訟月25巻８号2301頁	202
東京高裁昭和55年５月27日判決	過少申告加算税	税資113号459頁	220、228
広島地裁昭和55年９月25日判決	不納付加算税	訟月27巻１号170頁	232
札幌地裁昭和56年２月25日判決	重加算税	訟月27巻５号1012頁	203
大阪地裁昭和56年２月25日判決	重加算税	訟月27巻６号1167頁	204
昭和56年３月31日裁決	不納付加算税	裁事21集	156
最高裁昭和56年７月14日判決	加算税	民集35巻５号901頁	230
東京地裁昭和56年７月16日判決	過少申告加算税	行集32巻７号1056頁	112、228
東京高裁昭和56年９月28日判決	過少申告加算税	行集32巻９号1689頁	104
東京地裁昭和57年６月11日判決	無申告加算税	行集33巻６号1283頁	140
大阪地裁昭和58年８月26日判決	加算税	判タ511号187頁	222
最高裁昭和58年10月27日判決	過少申告加算税、重加算税	民集37巻８号1196頁	224
東京高裁昭和59年３月14日判決	無申告加算税	行集35巻３号231頁	141

裁判所・判決年月日／裁決年月日	附帯税の種類	公刊物	本書頁
昭和59年３月31日裁決	重加算税	裁事27集	199
大阪地裁昭和59年４月25日判決	延滞税	行集35巻４号532頁	46
静岡地裁昭和60年４月26日判決	加算税	行集36巻４号541頁	222
東京高裁昭和61年６月23日判決	過少申告加算税	行集37巻６号908頁	72、111、228
最高裁昭和62年５月８日判決	重加算税	訟月34巻１号149頁	200
東京高裁昭和63年４月28日判決	重加算税	税資164号327頁	180
仙台地裁昭和63年６月29日判決	無申告加算税	訟月35巻３号539頁	136、146
大阪地裁平成元年５月25日判決	加算税	税資170号462頁	222
平成元年６月８日裁決	無申告加算税	裁事37集	141
東京地裁平成２年１月29日判決	重加算税	税資175号170頁	184、223
東京高裁平成２年２月20日判決	無申告加算税	訟月37巻４号747頁	142
大阪高裁平成２年２月28日判決	過少申告加算税	税資175号976頁	89、100、102
広島高裁平成２年７月18日判決	無申告加算税	税資180号89頁	145
平成２年11月15日裁決	過少申告加算税	裁事40集	230
名古屋地裁平成２年12月21日判決	重加算税	税資181号1051頁	183
福岡地裁平成３年２月28日判決	過少申告加算税	税資182号522頁	94
福岡高裁平成３年２月28日判決	無申告加算税	税資182号560頁	142
大阪高裁平成３年４月24日判決	重加算税	判タ763号216頁	199
大阪高裁平成３年９月26日判決	不納付加算税	税資186号635頁	157
札幌高裁平成４年２月20日判決	過少申告加算税、重加算税	訟月38巻８号1545頁	233
鳥取地裁平成４年３月３日判決	過少申告加算税、重加算税	訟月38巻10号1960頁	110、184
京都地裁平成４年３月23日判決	重加算税	訟月40巻４号866頁	178
京都地裁平成４年３月23日判決	重加算税	訟月39巻５号899頁	205
東京地裁平成４年６月25日判決	重加算税	税資189号771頁	184
東京地裁平成４年11月17日判決	延滞税	税資193号448頁	220
平成４年12月８日裁決	無申告加算税	裁事44集	143
平成４年12月９日裁決	過少申告加算税	裁事44集	97
京都地裁平成５年３月19日判決	重加算税	行集44巻３号24頁	204
大阪地裁平成５年５月26日判決	過少申告加算税	税資195号544頁	100

裁判所・判決年月日／裁決年月日	附帯税の種類	公刊物	本書頁
平成５年６月18日裁決	過少申告加算税	裁事45集	233
大阪高裁平成５年11月19日判決	無申告加算税	行集44巻11・12号1000頁	142、143
平成６年３月30日裁決	過少申告加算税	裁事47集	110
最高裁平成６年９月13日判決	延滞税	税資205号405頁	220
最高裁平成６年11月22日判決	重加算税	民集48巻７号1379頁	186
東京地裁平成７年３月28日判決	過少申告加算税	訟月47巻５号1207頁	100
東京高裁平成７年３月30日判決	過少申告加算税、重加算税	税資208号1077頁	224
高松地裁平成７年４月25日判決	過少申告加算税	訟月42巻２号370頁	92
最高裁平成７年４月28日判決	重加算税	民集49巻４号1193頁	162、164、177、187
福岡地裁平成７年９月27日判決	過少申告加算税	税資213巻728頁	91
名古屋高裁平成８年３月28日判決	重加算税	税資215号1329頁	211
那覇地裁平成８年４月２日判決	過少申告加算税	税資216号１頁	95
東京地裁平成８年８月29日判決	過少申告加算税	税資220号478頁	100
岡山地裁平成８年９月17日判決	過少申告加算税	税資220号761頁	96
広島地裁平成９年１月29日判決	重加算税	税資222号206頁	185
大阪高裁平成９年２月25日判決	重加算税	税資222号568頁	205
東京高裁平成９年６月30日判決	過少申告加算税	税資223号1290頁	91
広島高裁平成10年９月30日判決	重加算税	税資238号487頁	180
平成10年12月２日裁決	重加算税	裁事56集	200
最高裁平成11年６月10日判決	過少申告加算税	訟月47巻５号1188頁	72、100、110
平成11年12月22日裁決	過少申告加算税	裁事58集	97
平成12年１月31日裁決	重加算税	裁事59集	185
福岡高裁平成12年３月28日判決	過少申告加算税	税資247号37頁	96
浦和地裁平成12年６月26日判決	不納付加算税	税資247号1376頁	156
東京地裁平成12年９月29日判決	重加算税	訟月47巻11号3466頁	197
平成12年10月10日裁決	無申告加算税	裁事61集	139
平成12年11月15日裁決	重加算税	裁事60集	185
平成12年12月12日裁決	重加算税	裁事60集	186
平成13年４月19日裁決	過少申告加算税	裁事61集	97
東京高裁平成13年４月25日判決	重加算税	訟月48巻７号1812頁	184

裁判所・判決年月日／裁決年月日	附帯税の種類	公刊物	本書頁
大阪高裁平成13年７月26日判決	重加算税	訟月48巻10号2567頁	204
東京地裁平成14年１月23日判決	重加算税	税資252号順号9049	198
平成14年７月16日裁決	延滞税	裁事64集	47
東京高裁平成14年９月17日判決	過少申告加算税	訟月50巻６号1791頁	106
東京高裁平成14年９月24日判決	重加算税	訟月50巻５号1657頁	205
東京高裁平成15年３月10日判決	延滞税	訟月50巻８号2474頁	43
東京高裁平成15年５月20日判決	重加算税	訟月50巻５号1663頁	205
平成15年11月７日裁決	無申告加算税	裁事66集	137
高松高裁平成16年１月15日判決	過少申告加算税	訟月50巻10号3054頁	228
平成16年３月24日裁決	過少申告加算税	裁事67集	96
平成16年５月19日裁決	重加算税	裁事67集	179
最高裁平成16年７月20日判決	過少申告加算税	訟月51巻８号2126頁	98
東京高裁平成16年７月21日判決	重加算税	訟月51巻８号2176頁	179
大阪高裁平成16年９月29日判決	重加算税	訟月51巻９号2482頁	181
東京高裁平成16年11月30日判決	重加算税	訟月51巻９号2512頁	209
最高裁平成17年１月17日判決	重加算税	民集59巻１号28頁	199
平成17年１月28日裁決	無申告加算税	裁事69集	137
東京高裁平成17年４月21日判決	過少申告加算税	訟月52巻４号1269頁	102
平成17年６月13日裁決	重加算税	裁事69集	198
横浜地裁平成17年６月22日判決	重加算税	税資255号順号10060	211
東京地裁平成17年７月１日判決	無申告加算税	訟月54巻２号493頁	141
東京高裁平成17年９月９日判決	重加算税	訟月52巻７号2349頁	205
大阪地裁平成17年９月16日判決	無申告加算税	裁判所ウェブサイト	134
東京地裁平成17年12月16日判決	無申告加算税	判タ1222号172頁	138
最高裁平成18年４月20日判決	過少申告加算税	民集60巻４号1611頁	７、69、98、145
最高裁平成18年４月25日判決	過少申告加算税	民集60巻４号1728頁	98
大阪高裁平成18年10月18日判決	延滞税	税資256号順号10531	44
最高裁平成18年10月24日判決	過少申告加算税	民集60巻８号3128頁	92
平成18年10月27日裁決	無申告加算税	裁事72集	137
最高裁平成18年11月16日判決	過少申告加算税	判時1955号37頁	92
神戸地裁平成19年３月９日判決	重加算税	訟月54巻５号1104頁	180
高松地裁平成19年12月５日判決	過少申告加算税	税資257号順号10843	95、96

裁判所・判決年月日／裁決年月日	附帯税の種類	公刊物	本書頁
大阪地判平成20年２月15日	過少申告加算税	訟月56巻１号21頁	93
大阪高裁平成20年10月15日判決	不納付加算税	税資258号順号11050	158
東京高判平成21年２月18日	重加算税	訟月56巻５号1644頁	204
東京地裁平成21年５月21日判決	延滞税	税資259号順号11204	49
東京地裁平成21年11月13日判決	延滞税	租税関係行政・民事事件判決集（徴収関係判決）平成21年１月～12月順号21－43	36
平成22年１月７日裁決	重加算税	裁事79集	203
東京高裁平成22年１月27日判決	重加算税	税資260号順号11371	235
平成22年６月７日裁決	無申告加算税	裁事79集	146
平成22年６月22日裁決	過少申告加算税	裁事79集	107
広島高裁岡山支部平成22年10月28日判決	重加算税	税資260号順号11542	189
金沢地裁平成23年１月21日判決	重加算税	訟月57巻11号2491頁	203
東京地裁平成23年３月25日判決	重加算税	税資261号順号11655	184
平成23年４月19日裁決	重加算税	裁事83集	180
平成23年５月11日裁決	過少申告加算税、重加算税	裁事83集	106、181
平成23年７月６日裁決	重加算税	裁事84集	206
福岡高裁平成23年９月８日判決	無申告加算税	訟月58巻６号2471頁	142
平成23年９月27日裁決	重加算税	裁事84集	198
最高裁平成24年１月13日判決	過少申告加算税	民集66巻１号１頁	99
仙台地裁平成24年２月29日判決	重加算税	税資262号順号11897	207
平成24年３月７日裁決	過少申告加算税	裁事86集	102
東京地裁平成24年９月25日判決	過少申告加算税	判タ1388号173頁	111
平成25年５月21日裁決	不納付加算税	裁事91集	157
福岡高裁平成25年５月30日判決	過少申告加算税	税資263号順号12223	99
平成25年７月26日裁決	無申告加算税	裁事92集	137
平成25年９月18日裁決	不納付加算税	裁事92集	156
広島高裁平成26年１月29日判決	重加算税	訟月61巻４号811頁	202
東京地裁平成26年９月25日判決	重加算税	税資264号順号12533	184
最高裁平成26年12月12日判決	延滞税	訟月61巻５号1073頁	22、31、220

裁判所・判決年月日／裁決年月日	附帯税の種類	公刊物	本書頁
最高裁平成27年６月12日判決	過少申告加算税	民集69巻４号1121頁	92
平成27年７月１日裁決	重加算税	裁事100集	197
平成28年４月25日裁決	重加算税	裁事103集	194
平成28年５月20日裁決	重加算税	裁事103集	194
平成28年７月４日裁決	重加算税	裁事104集	190
平成29年９月１日裁決	過少申告加算税	裁事108集	113
平成30年１月11日裁決	重加算税	裁事110集	195
平成30年１月30日裁決	重加算税	裁事110集	188
平成30年２月６日裁決	重加算税	裁事110集	196
平成30年３月29日裁決	重加算税	裁事110集	196
大阪地裁平成30年４月19日判決	過少申告加算税、重加算税	税資268号順号13145	209
東京地裁平成30年６月29日判決	重加算税	税資268号順号13162	209
平成30年９月３日裁決	重加算税	裁事112集	207
平成30年９月27日裁決	重加算税	裁事112集	195
平成30年10月２日裁決	重加算税	裁事113集	188
東京高裁平成30年11月15日判決	過少申告加算税	税資268号順号13209	230
東京地裁平成31年２月１日判決	無申告加算税	判タ1474号210頁	142
平成31年２月１日裁決	無申告加算税	LEX/DB26013074	142
山口地裁平成31年２月13日判決	重加算税	税資269号順号13241	230
令和元年６月24日裁決	重加算税	裁事115集	197
令和元年10月４日裁決	重加算税	裁事117集	206
令和元年11月19日裁決	重加算税	裁事117集	198
東京地裁令和２年１月30日判決	過少申告加算税	税資270号順号13374	226
令和２年２月19日裁決	重加算税	裁事118集	193
東京高裁令和２年３月４日判決	過少申告加算税	税資270号順号13389	103
令和２年３月10日裁決	重加算税	裁事118集	201
東京地裁令和２年３月26日判決	重加算税	税資270号順号13406	186
東京地裁令和２年10月29日判決	重加算税	税資270号順号13474	204
大阪高裁令和２年11月６日判決	重加算税	税資270号順号13478	201、203
令和３年１月20日裁決	不納付加算税	裁事122集	158
令和３年３月26日裁決	過少申告加算税	裁事122集	113
東京高裁令和３年４月28日判決	重加算税	訟月69巻９号970頁	191、209

裁判所・判決年月日／裁決年月日	附帯税の種類	公刊物	本書頁
名古屋高裁令和３年５月26日判決	重加算税	税資271号順号13568	192
東京地裁令和３年５月27日判決	過少申告加算税	訟月69巻６号715頁	104、105、111
大阪地裁令和３年５月27日判決	重加算税	金融・商事判例1625号38頁	214
令和３年６月24日裁決	過少申告加算税	裁事123集	101
令和３年６月25日裁決	重加算税	裁事123集	195
東京高裁令和３年９月15日判決	過少申告加算税、重加算税	税資271号順号13603	104、105、202
東京地裁令和３年10月７日判決	重加算税	税資271号順号13615	211
東京地裁令和４年２月25日判決	重加算税	税資272号順号13675	225
令和４年５月10日裁決	重加算税	裁事127集	189
令和４年７月１日裁決	重加算税	裁事128集	195
東京高裁令和４年11月30日	延滞税	税資272号順号13779	49
令和４年12月21日裁決	重加算税	裁事129集	214
令和５年１月27日裁決	重加算税	裁事130集	178
令和５年２月８日裁決	重加算税	裁事130集	192
最高裁令和５年３月６日判決	過少申告加算税	訟月69巻７号747頁	93
令和５年12月７日裁決	過少申告加算税	裁事133集	102、113

索　引

あ

か

さ

た

な

は

ま

や

ら

著者略歴

青木　丈（あおき・たけし）

現職　香川大学教授、博士（政策研究・千葉商科大学）、税理士

1972年東京生まれ、2001年税理士登録（東京税理士会）

2009年11月～2013年１月　内閣府本府行政刷新会議事務局上席政策調査員、総務省行政管理局企画調整課企画官等を歴任

2017年４月～　香川大学法学部教授

【主著】

- 『税理士のための税務調査手続ルールブック〔改訂版〕』（日本法令、2023）
- 『国税通則法コンメンタール　税務調査手続編』（日本法令、2023、共著）
- 『新　実務家のための税務相談（会社法編）〔第2版〕』（有斐閣、2020、共著）
- 『Ｑ＆Ａ　遺留分をめぐる法務・税務』（清文社、2020、共編）
- 『租税法令の読み方・書き方講座』（税務経理協会、2018）
- 『税理士事務所の個人情報保護・マイナンバー対応マニュアル』（ぎょうせい、2017、共著）
- 『新しい国税不服申立制度の理論と実務』（ぎょうせい、2016）
- 『新しい行政不服審査制度』（弘文堂、2014、共著）

ほか多数

著者略歴

野一色　直人（のいしき・なおと）

現職　京都産業大学法学部教授

大阪大学法学部卒業。国税庁入庁、東京大学大学院法学政治学研究科民刑事法専攻修了、ケースウエスタンリザーブ大学ロースクール卒業（LL. M.）、国税庁退職後、大阪学院大学大学院法務研究科教授、立命館大学経済学部教授を経て、2017年４月より現職。

大阪府行政不服審査会委員（2016年４月～2020年３月）、公認会計士試験試験委員（2020年12月～）、研修講師（近畿税理士会「法学ゼミナール」（「租税手続法の概要と諸問題」（2016年８月））等。

【主著】

・『基礎から学べる租税法　第３版』（弘文堂、2022、共著）

・『税法用語辞典　十訂版』（大蔵財務協会、2022、共著）

・『地方自治法の基本』（法律文化社、2022、共著）

・『国税通則法の基本　その趣旨と実務上の留意点』（税務研究会出版局、2020）

ほか

あとがき

国税庁退職後、大学教員に転じてからの研究分野の一つが、加算税等の国税通則法等といった手続法に関する法的問題でした。このような中、主として、本書の応用編の執筆に係る作業を通じて、附帯税をめぐる法的問題を改めて考察する機会をいただくことができ、大変有難く思っております。この場を借りて、共著者の青木先生、編集部の竹渕様と志村様のお力添えにより、本書の担当部分を書き上げることができましたことに御礼を申し上げます。

本書が、延滞税や加算税の負担を求めることができる法的根拠は何かといった疑問を考える材料となり、納税者、税理士等の税務代理人、あるいは、課税庁の職員等の皆様にとって、附帯税に係る争訟の発生防止や紛争の解決の一助となれば幸いです。

それと、私事で恐縮ですが、本書の執筆のきっかけが人の縁ではないかと感じました。共著者の青木先生と編集部の竹渕様が拙書等に関心を持って下さったことのみならず、青木先生の総務省時代の上司が、小職が情報公開審査会事務局（出向時）において、審査専門官として勤務していた折の上司であったこと、竹渕様には、別の原稿執筆の折にお世話になったこと等といったように、お二人とのご縁やこのようなご縁等を大事にして下さったお二人のお気遣いに重ねて感謝申し上げます。

最後に、本書の執筆をはじめ筆者を多くの面で心配りしてくれる妻の由記子に深く感謝申し上げます。

2024年８月

京都産業大学法学部
野一色　直人

附帯税の理論と応用　―実務の処方箋―　令和６年９月20日　初版発行

検印省略

共著者　青　木　丈
　　　　野一色　直人
発行者　青　木　鉱　太
編集者　岩　倉　春　光
印刷所　丸井工文社
製本所　国　宝　社

〒101-0032
東京都千代田区岩本町１丁目２番19号
https://www.horei.co.jp/

（営　業）　TEL　03-6858-6967　　Eメール　syuppan@horei.co.jp
（通　販）　TEL　03-6858-6966　　Eメール　book.order@horei.co.jp
（編　集）　FAX　03-6858-6957　　Eメール　tankoubon@horei.co.jp

（オンラインショップ）　https://www.horei.co.jp/iec/
（お詫びと訂正）　https://www.horei.co.jp/book/owabi.shtml
（書籍の追加情報）　https://www.horei.co.jp/book/osirasebook.shtml

※万一、本書の内容に誤記等が判明した場合には、上記「お詫びと訂正」に最新情報を掲載しております。ホームページに掲載されていない内容につきましては、FAXまたはEメールで編集までお問合せください。

ISBN 978-4-539-73051-5